Für Lisa

Inhaltsverzeichnis

Vorwort

1. Grundlagen

1.1. Was genau ist frühzeitiger Samenerguss?
1.2. Wie kann ich das Problem lösen?
1.3. Was ist der allergrößte Fehler, den Männer machen, die unter frühzeitigem Samenerguss leiden?

Teil I:
Wo stehe ich auf der Erregungsskala?

2. Was ist mein Erregungszustand?

2.1. Was sind die verschiedenen sexuellen Phasen?
2.2. Die Erregungsskala

3. Entlarvt: Was sind die drei sichersten Killer meiner Kontrolle über einen (späteren) Orgasmus?

4. Körperliches Selbst-„Bewusstsein" aufbauen

4.1. Warum es beim Sex darauf ankommt, im „Hier und Jetzt" zu sein
4.2. Woran ich meinen Erregungszustand messen kann

5. Masturbationsübungen

5.1. Was ist die Masturbationstechnik, die ich auf den Tod vermeiden sollte?
5.2. Wie masturbiere ich also richtig?
5.3. *Masturbationsübung 1:* Erregungsphasen „erfühlen"
5.4. *Masturbationsübung 2:* Erregungsphasen-Wechsel „erfühlen"
5.5. *Masturbationsübung 3:* Die 70, 80 oder 90 „erfühlen"
5.6. *Masturbationsübung 4:* Das Highlight – den Sprung der 90 zur 100 „erfühlen"
5.7. *Masturbationsübung 5:* Extra gut
5.8. *Masturbationsübung 6:* Immer näher dran...

6. Mit dem PC-Muskel zum Erfolg im Bett

6.1. Warum ist ein gut trainierter PC-Muskel so bedeutend?
6.2. Wo genau ist der PC-Muskel?
6.3. Was ist Kegel?
6.4. Die Varianten der Kegelübungen
6.4.1. Kegelübung 1
6.4.2. Kegelübung 2
6.4.3. Kegelübung 3
6.4.4. Kegelübung 4
6.4.5. Kegelübung 5

7. Übung macht den Meister:
Dein persönlicher Trainingsplan zum Erfolg

7.1. Was ist der gravierendste Fehler, den ich beim PC-Muskel-Training machen kann?
7.2. Was muss ich über die Kegelübungen wissen?
7.3. Wann kann ich Resultate erwarten und welche?
7.4. Wann und wo sollte ich die Übungen machen?
7.5. Der Trainingsplan: Mein Weg vom Anfänger bis zum Profi
7.5.1. Woche 1-4
7.5.2. Woche 5-8
7.5.3. Woche 9-12
7.6. Wie trainiere ich nach dem Kegelkurs weiter?

Teil II:
Mit diesen Tricks zögere ich den Orgasmus hinaus

8. Der PC-Muskel kommt zum Einsatz

9. Stellungen – wie ist bei mir die Lage?

9.1. Auf welche Weise können Stellungen einen Einfluss auf meinen Orgasmus haben?
9.2. Unvorteilhafte Stellungen – unbedingt vermeiden!
9.2.1. Missionarsstellung
9.2.2. A Tergo Stellung

9.3. Vorteilhafte Stellungen
9.3.1. Die Wiegestellung
9.3.2. Die Löffelchenstellung
9.3.3. Reiterstellung

10. Welche weiteren Möglichkeiten gibt es, um meinen Orgasmus hinauszuzögern?

10.1. Warum kann ich schon beim Eindringen alles verderben
10.2. Welche weiteren erogenen Zonen sollte ich nicht vergessen?
10.3. Was hat es mit „Necken" auf sich?
10.4. Warum ist es eine gute Idee, die Stellungen zu wechseln?
10.5. Was für eine Rolle spielt die Tiefe und Stärke der Schübe für meinem Orgasmus?
10.6. Warum sollte ich meinen Penis vor dem Sex stimulieren (lassen)?
10.7. Haben meine Muskeln eine Auswirkung auf meinen Orgasmus?
10.8. Wie kann ich die Beleuchtung nutzen, um meinen Orgasmus hinauszuzögern?

11. Schlussbemerkung

Vorwort

Hallo, zukünftiger Sexgott,

eins kann ich dir versichern:
Ich weiß, was du durchmachst.

Woher ich das weiß?

Weil ich einmal genau dort war, wo du jetzt bist:
Ich war frustriert (um es mal milde auszudrücken) oder viel mehr:
Verzweifelt.

Ständig saß mir die Angst im Nacken, ich würde es schon wieder nicht bringen. Mein Selbstwertgefühl wurde immer geringer:
Verdammter Teufelskreis.

In einem Satz könnte man auch sagen: Ich fühlte mich beschissen.

Aber hier die gute Nachricht:

Vorzeitiger Samenerguss ist in 99% aller Fälle keine Krankheit, die geheilt werden muss.

Sondern so etwas wie eine Schwäche, die man mit etwas Training beheben kann. Deswegen musst du auch nicht zum Arzt gehen, sondern ins „Trainingslager".

So wie ich.
Und heute kann ich dir berichten: Es hat geklappt.

Nicht nur, dass ich nicht mehr zu früh komme. Sondern ich habe im Bett so viel Ausdauer, dass fast jede Frau irgendwann zu mir sagt: „Jetzt bist du aber dran"... und mich dabei ansieht, als wäre ich eines der sieben Weltwunder!

Nicht schlecht, oder?

Erzähle ich dir dass, um anzugeben?

Nein, sondern weil ich dir Mut machen will.

Aber, Kumpel, jetzt mal eine ernsthafte Frage an dich:

Angenommen, deine Muckis sind ein bisschen schwach geraten, was machst du dann?

Richtig, du gehst ins Fitnessstudio und stemmst Eisen. Und nach ein paar Wochen legst du so viele Gewichte auf, wie du dir am Anfang nicht einmal vorstellen konntest, stimmt´s?

Keine Muckis bekommst du hingegen, wenn du nur ein Buch über Muckibuden liest. Du musst schon trainieren und deinen Trainingsplan einhalten.

Genauso ist das mit diesem Buch:

Hier steht alles drin, jeder einzelne Schritt. Der genaue Trainingsplan.

Aber wenn du glaubst, dein Schwanz wird vom Lesen ausdauernd, dann glaubst du wahrscheinlich auch, dass die Erde eine Scheibe sei.

Was will ich damit sagen?

Übung macht den Meister. Wie bei fast allem im Leben.

Wenn du trainierst, wirst du besser. Aber nur dann.

Du weißt, wie´s läuft:

Nach dem ersten Abend in der Muckibude hast du Muskelkater. Mehr aber auch nicht.

Wenn du meine Übungen in diesem Buch machst, bekommst du keinen Muskelkater. Dafür wird dein Schwanz ausdauernd. Und wenn ich sage *ausdauernd*, dann meine ich das auch.

Nur noch nicht am ersten Tag – aber:
Schneller, als du dir heute in deinen kühnsten Träumen vorstellen kannst, ist dein Problem Vergangenheit.

Also: Mach dich ans Lesen – darum kommst du nicht herum – und dann auf ins Training.

Du weißt ja selbst: Frauen werden, was Sex angeht, immer anspruchsvoller.

Jede Frau?

Natürlich nicht. Aber die heißesten Schnitten garantiert!

Was bedeutet das also für uns Kerle?

Klar, wir müssen es bringen, wenn wir ne tolle Braut klarmachen wollen.

Und zwar so richtig.

Und die guten Frauen brauchen ja immer ein Weilchen (um nicht zu sagen eine Ewigkeit), bis sie zu ihrem Orgasmus kommen.

In diesem Sinne ist frühzeitiger Samenerguss ein verdammter Fluch, der dein Sexualleben, deine Beziehungen und dein Leben voll aus der Bahn werfen kann.

Aber nicht mehr lange:

Das Ziel dieses Buches ist, dass du deinen Samenerguss voll steuern kannst.

Mit anderen Worten:
Dass du kommen kannst, wann DU willst!

So wie ich jetzt.

Und zwar ohne irgendwelche komischen Hilfsmittel oder negative Nebenwirkungen.

Du wirst nichts dergleichen brauchen.

Und damit du so schnell wie möglich dieses Ziel erreichst, lass mich gleich mal erklären, wie du am meisten aus diesem Buch rausholen kannst:

Das nächste Kapitel befasst sich mit den verschiedenen Erregungsphasen beim Sex – einfach, damit du überhaupt mal weißt, was eigentlich Sache ist.

Tu dir einen Gefallen und überspringe dieses Kapitel nicht. Es ist vielleicht verlockend, gleich zu den Übungen zu blättern, aber wenn dir das Grundverständnis deines „Handicaps" fehlt, dann helfen auch die Übungen wenig.

Also: Nimm dir die Zeit, die nächsten paar Seiten zu lesen. Dann liest sich alles, was danach kommt, einfach schneller und ist viel besser verständlich. Ich halte mich kurz – versprochen!

Danach werde ich dir zeigen, wie du deinen Erregungszustand genau einschätzen kannst und warum dieses Verständnis pures Gold ist. Das Kapitel ist neben den Übungen der Schlüssel zu deinem Erfolg! Also auf keinen Fall einfach übergehen. Du würdest dir sonst selbst in den Fuß schießen.

Also lies es - und danach...

... geht´s auch schon los mit jeder Menge Übungen... und deinem persönlichen Trainingsplan.

Du wirst sehen, es ist alles nur halb so schwierig, wie du vielleicht gedacht hast. Schon nach einigen Tagen werden du und deine Partnerin (!) deutliche Unterschiede wahrnehmen.

Ganz zu schweigen von dem, was am Ende des „Trainingslagers" abgeht.

Aber...

... auch noch in den darauf folgenden Kapiteln gibt es jede Menge Tipps und Tricks.

Wenn du die Schritt-für-Schritt Anleitung befolgst, die mich zum Marathon-Mann gemacht hat, dann wirst auch du bald zum „Weltwunder" in den Augen der Frauen!

Und ich verspreche dir:
Dieses „Supermann-Gefühl" wird sich nicht nur auf dein Sexualleben beschränken.

Ganz im Gegenteil: Es wird dein ganzes Leben bereichern – Sex, Beziehung, Beruf...

Also: Halte durch – du wirst begeistert sein.

Viel Glück, Kumpel, und mögen die Sexgötter mit dir sein.

Dein

1. Grundlagen

OK, lass uns gleich gemeinsam durchstarten – schließlich willst du allem bald ein Ende bereiten. Und wirst es auch. Keine Sorge.

Also... auf geht's:

Und zwar mit folgenden drei wichtigen Punkten:

1) Was ist frühzeitiger Samenerguss und was ist es nicht?

2) Wie kann ich das Problem lösen? Und:

3) Was ist der größte Fehler, den Männer machen, die unter frühzeitigem Samenerguss leiden?

Dieses Kapitel bildet die Basis für alle weiteren, also überspringe es auf keinen Fall... auch wenn du vielleicht lieber sofort mit den Übungen anfangen willst.

Der Rest des Buches wird nämlich nur begrenzt Sinn machen, wenn du das Wissen aus diesem Kapitel nicht voll begriffen hast.

Gut... genug der Vorrede... auf zur ersten Frage:

1.1. Was genau ist frühzeitiger Samenerguss?

Nur ganz kurz. Damit wir hier beide auf dem gleichen Nenner sind.

In diesem Buch wird unter frühzeitigem Samenerguss folgendes verstanden:

Du kommst wesentlich früher, als du oder deine Partnerin es sich idealerweise wünschen UND du kannst dieses „zu früh kommen" nicht kontrollieren.

Und da gibt es keine zwei Meinungen: Das ist ein Problem, das gelöst werden muss.

Und da hilft nur eins: Das Problem direkt angehen!

Also lass es uns gleich gemeinsam anpacken... beginnend mit der wichtigsten Frage:

1.2. Wie kann ich das Problem lösen?

Hierzu gibt es zwei Grundprinzipien, die ich dir durch das Buch hinweg ins Hirn brennen werde.

Denn wenn du hier voll durchsteigst - und übst - wird garantiert jede Frau, die in deinem Bett gelandet ist, wiederkommen. Versprochen.

Und hier ist auch schon das

Grundprinzip Nummer 1:

Es kommt beim Sex darauf an, zu jedem Zeitpunkt genau zu wissen, wie erregt du bist.

Das heißt:
Zu jedem beliebigen Zeitpunkt sollte dir voll bewusst sein, wo du dich gerade auf deiner persönlichen „Erregungskurve" befindest.

Anders – und ganz platt - ausgedrückt:
Wie weit bist du noch von deiner Orgasmus-Schwelle entfernt?

Hört sich simpel an?

Nun ja, das mag sein... aber so leicht ist es dann doch wieder nicht. Und garantiert der erste Schlüssel zu deinem Erfolg.

Und der zweite folgt zugleich:

Grundprinzip Nummer 2:

Du wirst lernen, den „Punkt ohne Widerkehr" nach und nach hinauszuzögern.

Denn das ist es ja, was du willst, nicht wahr?

Genau... aber dafür musst du eben auch erst mal wissen, wie es um deine Erregung steht – das heißt, wie lange du noch bis zum „Punkt ohne Widerkehr" hast.

Dies sind also die ersten beiden wichtigen Erkenntnisse.
Du musst...

1) ... Wissen wo du stehst (also wie erregt du bist) und...
2) ... den „Punkt ohne Widerkehr" gezielt hinauszuzögern können.

Diese beiden Prinzipien sind es, die dich ans Ziel bringen.

Sie ziehen sich durch das gesamte Buch:
Wie ein roter Faden oder ein von weitem sichtbarer Leuchtturm.

Alle Übungen sind auf diesen Prinzipien aufgebaut:

Entweder wirst du deine Erregung selbst „bewusster" einschätzen können.

Oder den „Punkt ohne Widerkehr" gekonnt hinauszögern.

Eins von beiden. Oder auch beides. Und mehr brauchst du wirklich nicht. Denn wenn du diese zwei Sachen voll beherrschst, dann hebt dein Sexleben ganz von alleine ab.

Du löst nicht nur dein jetziges Problem des „zu früh Kommens", sondern startest so sehr durch, dass du geradezu einen unfairen Vorteil gegenüber anderen Männern im Bett haben wirst.

Kaum zu glauben?
Nun, ich werde dir zeigen, wie du dieses Ziel schnell erreichst,

aber vor allem sicher.

Und weil mir genau daran gelegen ist, lass mich gleich ein Missverständnis entlarven, das dein Leben verändern könnte:

1.3. Was ist der allergrößte Fehler, den Männer machen, die unter frühzeitigem Samenerguss leiden?

Nun, es gibt viele Leute (unter anderem so genannte „Experten") die behaupten, die Lösung für frühzeitigen Samenerguss wäre folgendes:

In Gedanken abdriften. Woanders sein. An was anderes denken. Vielleicht die Schwiegermutter. Oder verfaultes Gemüse. Irgendwas Schlechtes.
Wer weiß, vielleicht bist du diesem Unsinn auch schon zum Opfer gefallen... sicherlich wirst du mindestens schon davon gehört haben.

Ok, mal ganz platt: Ein größerer Scheiß wurde noch nie verkündet.

Falls du diese Methode schon mal selbst probiert hast, wirst du das bestätigen können.

Erstens hat es nichts gebracht und zweitens hat der Sex dann noch nicht mal mehr Spaß gemacht – wie soll das auch gehen, frage ich mich, wenn man an verfaultes Gemüse denkt – ganz zu schweigen von seiner schrumpeligen Schwiegermutter?

Da braucht es kein Genie, um zu wissen, dass das purer Humbug ist.

Nun, auch falls du diese Methode noch nicht selbst angewendet haben solltest...

... eins ist klar:

Falls du die letzten Seiten aufmerksam gelesen hast, dann wirst du schon - ohne eigenen Misserfolg - wissen, dass diese Methode reinster Scheiß ist.

Warum?

Nun ja... was waren die zwei Grundideen, die ich dir ins Hirn brennen werde:
Genau...

1) Wissen, wie erregt du bist und
2) den „Punkt ohne Widerkehr" gezielt hinauszögern.

Und jetzt erklär mir mal einer, wie ich wissen soll, wie erregt ich bin, wenn ich alles völlig ausblende und mit meinen Gedanken überall bin – nur bitte nicht bei meiner Partnerin und mir.

Ganz klar:
Das geht einfach nicht.

Also tu dir den Gefallen und streiche dir diese Methode sofort aus dem Hirn. Fast jeder Mann hat sie schon probiert und genauso viele sind auch daran gescheitert. Nicht einer weniger.

Und jetzt weißt du auch, warum...

... denn es kommt zunächst einmal darauf an, genau zu wissen, wie erregt du bist.

Und damit du in dieser Hinsicht endlich den vollen Durchblick bekommst, geht's mit genau diesem Thema weiter.

Teil I:
Wo stehe ich auf der Erregungsskala?

2. Was ist mein Erregungszustand?

Als erstes erläutere ich schnell vier verschiedene sexuelle Phasen. Danach brechen wir dann alles etwas genauer runter, so dass du wirklich weißt, was abgeht.

Aber eins nach dem anderen. Nun erst mal die Frage:

2.1. Was sind die verschiedenen sexuellen Phasen?

Die für dich im Moment drei wichtigsten Phasen sind die folgenden (das habe ich mir übrigens nicht selbst einfallen lassen, sondern die berühmten Sexualforscher Masters und Johnson):

Die Erregungsphase, die Plateauphase und die Orgasmusschwelle – auch genannt „Punkt ohne Widerkehr". Nach diesem „Punkt ohne Widerkehr" hast du deinen Orgasmus schon gehabt und dann ist nichts mehr mit hinauszuzögern, nicht wahr?

Also geht es um genau diese drei Phasen.

Lass Sie uns nochmal kurz einzeln ansprechen:

1) Die Erregungsphase ist ja eigentlich selbsterklärend. Du beginnst erregt zu werden. Dein Penis wird steif und deine Eichel schwillt an. Du atmest tiefer und dein Blutdruck schießt nach oben.

2) In der Plateauphase bist du bereits stark erregt. Vielleicht verspürst du jetzt schon etwas Kontrollverlust. Auf jeden Fall schwillt deine Eichel weiter an und färbt sich rot.

3) Am Ende dieser Plateauphase geht es mit großen Schritten auf die Orgasmus-Schwelle (oder auch „Punkt ohne Widerkehr") zu. Diese letzte Phase vor dem Orgasmus ist von allergrößter Bedeutung und wir werden uns später noch eingehend darauf konzentrieren. Denn was danach kommt, weißt du ja…
…sobald du den „Punkt ohne Widerkehr" erreicht hast, gibt es buchstäblich kein Zurück mehr. Du bekommst deinen Orgasmus und ejakulierst – ob du willst oder nicht.

Diese drei Phasen bilden also sozusagen das Grundmuster deiner sexuellen Erfahrung: Erregungsphase, Plateauphase und Orgasmus-Schwelle.

Gut... aber damit du damit wirklich was anfangen kannst, sollten wir das ganze noch viel genauer runter brechen.

2.2. Die Erregungsskala

Mir persönlich hat dabei eine Skala von null bis hundert sehr geholfen.

Und so geht's:

0

Noch ist nichts passiert. Du bist sexuell noch kein bischen erregt.

10

Jetzt geht es los. Langsam, aber sicher. Du bist angeturnt und bekommst Lust.

20

Hier geht es um die Phase des Vorspiels. Du nimmst körperliche Veränderungen wahr (in deiner Hose regt sich was).

30

In dieser Phase wird dein Penis direkt stimuliert. Manuell, durch Oralverkehr oder auch Geschlechtsverkehr.

40

Deine Erregung steigt weiter an. Deine Atmung beginnt, sich leicht zu verändern – sie wird schneller.

50

Ihr treibt es fröhlich. Deine Atmung wird deutlich tiefer und dein Blutdruck ist drastisch erhöht.

60

Jetzt geht ihr ab wie die Kaninchen. Dein Herz pumpt kräftig und deine Atmung wird noch tiefer.

70

Es geht zur Sache. Deine Erregung steigt weiter an.

80

Jetzt wird es bald ernst. Deine Erregung steigt und steigt und du bist nahe an deiner Orgasmus-Schwelle. Aufgepasst: Es ist an der Zeit, alle Methoden, die ich dir später beibringen werde, einzuläuten...

90

Jetzt ist wirklich höchste Vorsicht geboten! Nach dieser Phase gibt es kein Zurück mehr. Du bist beinahe an deinem Höhepunkt angekommen... letzte Chance zum „Umkehren".

100

Der Zug ist abgefahren. Dein Orgasmus ist nicht mehr aufzuhalten. Jetzt hilft nur noch: Genießen und beim nächsten Mal länger hinauszögern.

Also, wie du siehst, manchmal geht es von null auf hundert schneller, als man es sich wünschen würde.

Aber du wirst sehen:

Mit etwas Übung wirst du immer genau wissen, wann du wo „stehst" (Grundprinzip Nummer 1).

Denn gerade der Unterschied zwischen einer 70, 80 und 90 Auf der Skala wird entscheidend sein.

Sobald du schließlich zuverlässig weißt, dass du bei einer 80 bist, kannst du dann gezielt Tricks einsetzen, um die 90 und 100 (!) noch hinauszuzögern.

Dazu später mehr...

... aber erst mal sollten wir uns drei großen Tücken widmen:

3. Entlarvt: Was sind die drei sichersten Killer meiner Kontrolle über einen (späteren) Orgasmus?

Ganz klar: Stress, Angst und Ärger.

Warum?

Nun ja, alle drei haben eins gemeinsam:

Wenn du eins dieser Gefühle hast, während du es mit deiner Partnerin treibst, dann wirst du deine „Erregung" niemals genau bestimmen können.

Denn die körperliche und geistige Anspannung, die diese Gefühle mit sich bringen, sind wie Nebel auf hoher See.

Du weißt nicht wirklich, wo du bist.

Du ruderst also ziemlich hilflos durch die Gegend – meistens direkt auf die Klippe des Vorzeitigen Orgasmus zu.

Vielleicht denkst du, du bist erst bei 60 und in Wahrheit bist du schon auf 90 und *ZACK*, das war es. Falsch gedacht. Beziehungsweise: Falsch „gefühlt".

Nochmal ganz platt:
Wenn du während des Geschlechtsverkehrs von Emotionen wie Angst, übermäßigem Stress und Ärger überrollt wirst, dann wirst du deine eigene Erregung schlichtweg nicht mehr korrekt wahrnehmen können.

Und wenn dem so ist, dann brauchst du gar nicht erst anfangen.

Macht doch Sinn, oder?

Klar.

Also, was kannst du dagegen tun?

Schließlich sind wir alle mal gestresst. Kein Problem. Du musst halt für dich einen Weg finden, mit übermäßigem Stress umzugehen. Da ist ja jeder anders. Deshalb hier nur schnell ein paar Tipps, was ich schon alles ausprobiert habe, um mit meinem Stress, Ängsten und Ärger umgehen zu können:

Gleich mal vorneweg mein Favorit:

Kampfsport. Ich muss sagen, Karate und Aikido (was, ist wahrscheinlich egal) haben mir wirklich geholfen, meinen Stress abzubauen. Erstens war ich körperlich aktiv und konnte mich austoben. Und zweitens ist Kampfsport ja auch eine sehr mentale Geschichte. Würde man ja eigentlich nicht glauben, ist aber wirklich so.

Diese Kombination hat mir wirklich geholfen, „meine Mitte zu finden". Und noch wichtiger: Körperliche Kontrolle zu üben. Zu wissen, wie ich mich bewege, welchen Muskel ich wann einsetzten muss. Und das alles bewusst. Zu Beginn wusste ich noch nicht einmal, wo ich überall Muskeln habe.

Ich kann ja nur für mich sprechen, aber ich empfinde Kampfsport wirklich als sehr ausgleichend (und manchmal muss man einfach auch zulangen, oder?).

Außerdem fand ich es sehr hilfreich, mir meines Körpers bewusst zu werden. Dabei muss ich gestehen: Ich hab Aikido eigentlich nur mal so aus Scherz probiert und jetzt bin ich voll dabei.

Nun, das ist also eine Variante, Stress abzubauen. Wirklich genial, finde ich.

Und was gibt es noch?

Naja, es klingt vielleicht nicht ganz so männlich wie Kampfsport, hat aber bei mir trotzdem auch Wunder gewirkt:

Nämlich, mir meinen ganzen Stress und Sorgen - gerade bezüglich der zu frühen Ejakulation - von der Seele zu schreiben.

Versteh mich nicht falsch. Ich hab kein rosa-gebundenes Büchlein gekauft, auf dem in goldener Schrift steht: Tagebuch.

Das wäre es ja noch. Nein, so weit ist es natürlich nicht gekommen. Aber, wie gesagt: Geschrieben hab ich trotzdem viel. Und ich war echt baff, was es gebracht hat.

Ich hab einfach drauf los geschrieben. Was immer mir in den Sinn kam. War mir eigentlich auch egal. Ganz ohne Punkt und Komma... Fast ein bisschen wie Frauen, die am Telefon einfach drauf losreden.

Aber - ohne Scheiss - danach hab ich mich echt besser gefühlt. Der Stress war wirklich beinahe weg und die Angst auch mehr oder weniger ausradiert. Zumindest zum Teil. Hat also echt gut getan und vielleicht willst du es ja auch mal probieren.

Oder auch nicht? Gut... was bleibt dir dann noch, dich zu entspannen?

Nun ja, ich persönlich steh ja nicht so drauf, aber ein Freund von mir schwört auf autogenes Training.

Das ist eine Entspannungsform, die für viele funktioniert. Man sitzt rum, konzentriert sich auf seinen Körper und... tja, entspannt dabei. Auf jeden Fall kann es nicht schaden, weil man sich dabei auch auf seine Atmung konzentriert und den Körper bewusster wahrnimmt. Was ich ja auch beim Kampfsport gut finde.

Also, wenn du willst, probier es einfach mal aus. Und wenn dir keine der drei Varianten zusagt, fällt dir sicherlich selbst noch die eine oder andere Entspannungsmöglichkeit ein.

Denn genau darum geht es ja. Du willst deinen Stress und Ärger und deine Ängste loswerden. Wie du es machst, ist egal.

Hauptsache du tust es, damit du während des Geschlechtsverkehrs nicht durch diese Emotionen verblendet bist – und deine Erregung nicht korrekt wahrnimmst. Denn das ist ja das A und O.

Super... dann lass uns in diesem Sinne gleich ins nächste Kapitel eintauchen:

4. Körperliches Selbst-„Bewusstsein" aufbauen

Nochmal als Erinnerung die Grundregel:
Du musst deine körperlichen Veränderungen während des Sex so gut wie möglich wahrnehmen – damit du deine Erregung (auf der Skala zwischen 0 und 100) korrekt einschätzen kannst.

4.1. Warum es beim Sex darauf ankommt, im „Hier und Jetzt" zu sein

Warum das so wichtig ist, sollte dir jetzt schon klar sein:

Wenn du nicht wirklich im Moment voll da bist, dann wirst du deine Erregungsstufe nicht korrekt einschätzen können. Und ich muss sicherlich nicht nochmal betonen, wie übel das ist.

Aber nicht nur das.

Es gibt noch einen weiteren Vorteil, im „Hier und Jetzt" zu sein.

Und der wäre?

Nun ja, wenn du mit deinen Gedanken nicht in dem aktuellen Moment bist, wo kannst du dann sein?

Richtig... entweder in der Vergangenheit oder in der Zukunft.

Nun, du wirst sicherlich selbst wissen, welche Gedanken aus der Vergangenheit dir im Kopf rumschwirren, wenn du gerade Sex hast:

„Oh nein, ich bin jedes Mal zu früh gekommen. Scheiße, Scheiße, Scheiße..."

Und schon steigt wieder Panik in dir auf.

Denn dann kommen nämlich unweigerlich die Gedanken an die Zukunft:

„Oh, bitte, bitte, Scheiße, hoffentlich komme ich dieses Mal später".

Und der Teufelskreis hat begonnen:

Du schiebst Panik, weil du an deine vielen Misserfolge denkst.
Die Panik überträgt sich auch auf die jetzige Situation – wie könnte sie das auch nicht?

Und das Schlimmste ist: Du bist nicht mehr in der Lage, deine Erregung korrekt wahrzunehmen. Und schaffst es deshalb auch nicht, bei 80 oder 90 umzukehren. Fuck.

Du siehst also:
Das „Hier und Jetzt" ist nicht nur Gelaber...

... sondern ein Rettungsboot auf hoher See.

Nun, hoffentlich wirst du das nie vergessen.

Gut, dann können wir ja weiter machen...

4.2. Woran ich meinen Erregungszustand messen kann

... auf welche körperlichen Veränderungen kommt es hier also genau an?

Ich werd's dir verraten: Mir haben drei Sachen besonders geholfen:

Meine Atmung, meine Körperanspannung und meine innere Erregung.

Es ist echt der Hammer, wie krass sich diese drei Dinge während des Sex verändern.

Hier deine erste Übung: Wenn du beim nächsten Mal Sex hast, achte ganz konkret auf diese drei Bereiche. Voll bewusst. Versuche einfach mal wirklich wahrzunehmen, wie sie sich von der Erregungsphase bis hin zum Orgasmus verändern.

Und damit du eine genaue Vorstellung hast, was du erwarten kannst, lass uns einfach eine nach der anderen durchgehen.

Die Atmung:

Hier haben wir echt Glück...

... denn keine andere Veränderung ist so zuverlässig, wie unsere Atmung. Keine ist so eindeutig.

Und das Beste ist:
Wir können Sie beeinflussen.

Ganz im Gegenteil zu Blutdruck, Herzklopfen und auch Schweiß. Diese Dinge liegen nicht in unserer Macht.

Unsere Atmung schon.

Nehmen wir mal ein fiktives Beispiel: Mark.

Er und seine Partnerin sind gerade beim Vorspiel. Noch atmetet er recht ruhig und langsam – mit vielleicht so 25-30 Atemzügen pro Minute.

Langsam wird die Sache heißer und er beginnt, schneller zu atmen.

Schließlich ist er bei einer 80 bis 90 angelangt und hechelt fast wie ein Hund. Mit rund 60 Atemzügen pro Minute – also fast einen pro Sekunde.

Ich vermute, dasselbe hast du selbst auch schon erlebt: Nämlich, dass sich deine Atmung in etwa so verändert.

Und genau deshalb kannst du deine Atmung auch als Anhalt dafür nehmen, deine Erregung korrekt einzuordnen.

Mit etwas Übung wirst du merken, wie genau sich deine Atmung vom Vorspiel bis hin zum Orgasmus verändert.

Achte wirklich genau drauf: Wann atmest du tief? Wann schnell? Hältst du manchmal vielleicht sogar die Luft komplett an? Wenn auch nur einen kurzen Moment?

Denn das Ziel ist ja immer folgendes:

Du willst deine körperlichen Veränderungen als Kompass nutzen, um zu wissen, wo du dich auf deine Erregungsskala befindest:
70, 80, 90?

Wirst du das gleich beim nächsten Sex schaffen?

Natürlich nicht.

Klar, da braucht man Übung.

Aber der erste Schritt ist, dir bewusst zu sein, dass du diesen kostenlosen Kompass immer bei dir hast.

Nutze ihn!

Ok... also das war die körperliche Veränderung Nummer 1.

Und weiter geht's mit der Nummer 2:

Deine körperliche Anspannung.

Keine Frage: Auch hierfür braucht man etwas Zeit.
Aber irgendwann wirst du auch diese Veränderungen voll wahrnehmen und 100%ig zu deinem Vorteil nutzen.

Probier es einfach mal aus...

... achte auf deine Anspannung deiner größten Muskelgruppen. Besonders: Dein Rücken, deine Arme und deine Oberschenkel.

Wie angespannt sind sie während des Geschlechtsverkehrs: Der Erregungsphase, der Plateauphase und kurz vor dem Orgasmus?

Versuche, dir diese Dinge während des Sex zu merken: Sozusagen ein kleines Notizbuch im Hirn anzulegen und dort mentale Notizen zu machen.

Warst du irgendwann besonders angespannt? Oder entspannt?

In welcher Phase war das? In welcher Stellung wart ihr gerade? Was war sonst noch auffällig?

Und natürlich gilt auch hier: Erwarte am Anfang nicht zu viel von dir. Es ist völlig normal, wenn du nicht gleich beim nächsten Sex alles genau wahrnimmst und dir merken kannst.

Was mir zumindest etwas leichter gefallen ist, war die körperliche Veränderung Nummer 3:

Der Penis.

Klar, da gibt es wohl keine zwei Meinungen: Hier merkt jeder ohne Probleme, wenn sich was ändert.

Also auch hier mein Rat: Versuche beim nächsten Mal besonders darauf zu achten.

Welche Empfindungen hast du?

Wirken sich einige Stellungen zum Beispiel besonders auf deine Empfindungen aus? Wenn ja, welche? Und wie?

Wie genau fühlt sich dein Penis in den drei Phasen (Erregungsphase, Plateauphase, und kurz vor der Orgasmus-Schwelle) an?

Und gibt es Unterschiede in den jeweiligen Phasen? Wenn ja, welche?

Nun ja, ich seh's ein:
Das ist jetzt alles ein wenig viel auf einmal.

Deshalb nochmal schnell als kurze Zusammenfassung:

Gib beim Sex alles, um im „Hier und Jetzt" zu sein.

Erstens schürt es nicht deine Ängste, ob du wohl zu früh kommst.

Zweitens nimmst du deine Atmung, körperliche Anspannung und deinen Penis intensiver wahr... und kannst durch diese Veränderungen dann besser auf deinen Erregungsstand schließen (Grundprinzip 1)...

... und somit deinen Orgasmus gezielt hinausschieben, wenn du bei 80 oder 90 angekommen bist (Grundprinzip 2)...

Und drittens: Wenn du im „Hier und Jetzt" bist, kannst du die ganze Aktion auch wirklich in vollen Zügen genießen.

Das ist also der Super-Bonus:

Im „Hier und Jetzt" sein verbessert deine Leistung und vergrößert den Genuss.

Was könnte man mehr wollen?

Eigentlich nichts, oder?

So geht es mir und meiner Partnerin zumindest.

Nun ja, das war jetzt wirklich schon mal ne ganze Menge.

Und du bist immer noch fleißig beim Lesen.

Klasse...

... und ich muss sagen, ich finde, du hast jetzt wirklich mal etwas Action verdient.

Bist du bereit:

Willst du mit den Übungen anfangen? Endlich zur Tat schreiten? Aktiv werden?

Super... denn dann will ich dich nicht aufhalten.

Auf geht's – zum besten Trainingslager der Welt:

5. Masturbationsübungen

Fang jetzt nicht an zu lachen.

Vor dem Ernstfall mit einer Frau macht es Sinn, alleine zu üben.

Deswegen beschäftigt sich dieses Kapitel vorrangig mit Masturbationsübungen. Am Anfang geht es nur darum, deine Empfindungen und Erregung genau wahrzunehmen (Grundprinzip 1).

Und zum Ende des Kapitels hin, geht es dann auch schon darum, dein neu gewonnenes Wissen über deine Erregung einzusetzen, um...

... deinen Orgasmus bei der Masturbation hinauszuzögern (Grundprinzip 2).

So sieht's also aus. Nun, bevor es richtig los geht, noch schnell eine kurze Rede, was die Masturbation an sich angeht:

Bevor du dich mit Begeisterung auf die geilen Masturbationsübungen stürzt – hier schnell noch zwei Fragen:

1) Wie können sich schlechte Masturbationstechniken auf meine Leistung auswirken? Und:

2) Wie masturbiere ich richtig?

Denn schließlich tragen schlechte Masturbationstechniken grundlegend zu frühzeitigem Orgasmus bei.

Und vielleicht bist du solchen Techniken auch schon zum Opfer gefallen.

Es sagt einem ja auch niemand, nicht wahr?

Wäre irgendwie schon verschärft, wenn das im Sexualunterricht erklärt werden würde.

Von einem schrumpeligen alten Lehrer (oder gar einer Lehrerin) - so nach dem Motto: „Also, Jungs, zum Thema Lebensqualität... da muss ich euch jetzt mal was sagen..."

Naja, Spaß beiseite...

... also:

5.1. Was ist die Masturbationstechnik, die ich auf den Tod vermeiden sollte?

Zu schnell reinzuhauen!

Mal ganz platt:
Beim Masturbieren ist das Ziel ja eindeutig.

Und um dahin zu kommen, wird auch selten besonders rumgetrödelt...

... ganz im Gegenteil: Die meisten Männer masturbieren so, dass sie sehr schnell ejakulieren.

Vielleicht aus Eile oder aus Angst „erwischt" zu werden. Was auch immer.

Fakt ist: Oft lässt Mann sich nicht besonders viel Zeit beim Masturbieren – und kommt schnell zum Absch(l)uss.

Und dagegen ist moralisch auch überhaupt nichts einzuwenden. Versteh mich bitte nicht falsch.

Nun musst du dir allerdings folgendes vorstellen:

Beim Masturbieren kommst du sehr schnell zum Orgasmus. Dein Körper merkt sich das. Und über die Jahre gewöhnt er sich dran.

Und dann gilt für ihn:
Wenn ich erregt bin, feuer ich meinen Schuss ab. Und zwar ohne großes Zögern.

Und genau das tut er dann auch. Nur beim Sex eben zu früh!

Und hier liegt - im wahrsten Sinne des Wortes - die Tücke:

Beim Sex gibt es ja zwei Menschen und nicht nur einen (dich).

Tja, und Frauen brauchen ja bekanntlich zum Orgasmus immer ne Weile. Um nicht zu sagen: Eine Ewigkeit.

Und genau deshalb ist „richtiges" Masturbieren auch ein wirklicher Schlüssel:

Um deine Ausdauer zu verlängern, damit du deine Leistung wirklich verbessern kannst.

Was natürlich gleich die Frage aufwirft:

5.2. Wie masturbiere ich also richtig?

Als erstes: Lass dir beim Masturbieren Zeit.

Und: Achte beim Masturbieren auf deine Empfindungen. Versuche wahrzunehmen, wie du dich in den verschiedensten Phasen fühlst.

Was macht eine 50 aus? Eine 70? Eine 90?

In gewissem Sinne ist hier der Weg das Ziel. Und nicht nur der Orgasmus an sich.

Denn dieses Wissen (die korrekte Einschätzung deiner Erregung) wird später Gold wert sein, wenn ich dir zeigen werde, wie du durch ausgewählte Techniken wieder etwas runterkommen kannst.

Dazu später.

Aber für den Moment:

Bist du bereit, Hand anzulegen?

Super... dann lass mich kurz zusammenfassen, was auf dich zukommt:

Los geht es mit vier Masturbationsübungen ohne jegliche Hilfsmittel (Bilder, Videos, etc.).

Danach kommt eine Übung, in der du gerne Hilfsmittel benutzen kannst (sogar solltest), wenn du möchtest.

Und zu guter Letzt setzt du dann dein neugewonnenes Wissen über deine Erregungsempfinden (Grundprinzip 1, Übungen 1-5) gleich wieder in die Tat um...

... und zwar beim Masturbieren, bei dem du deinen Orgasmus immer weiter hinausschiebst (Grundprinzip 2, Übung 6).

Du siehst also, wir haben eine Menge vor.

Lass uns am besten gleich beginnen...

... oh, fast hätte ich es vergessen:

Bei allen diesen Übungen gilt folgendes:

Wenn du früher zum Orgasmus kommst, als beabsichtigt...

... keine Sorge. Das wird manchmal passieren.

Mein Rat: Ärger dich dann nicht über dich selbst. Und mach dir bloß keinen Stress. Genieß es dann einfach – was anderes kannst du dann eh nicht mehr machen.

Und versuch es danach wieder und wieder.

Du wirst sehen: Übung macht den Meister.

In diesem Sinne: Auf geht's...

5.3. *Masturbationsübung 1:*
Erregungsphasen „erfühlen"

Um diese und alle anderen Übungen in Ruhe zu machen, solltest du dir unbedingt ein Plätzchen suchen, an dem du ungestört bist.

Mach es dir bequem und sieh' zu, dass du nicht hetzen musst.

Das ist das Letzte, was du jetzt gebrauchen kannst.

Also, du bist startklar?
Dann leg einfach Hand an, so wie du es sonst auch beim Masturbieren tust. Dann lass den Dingen ihren Lauf – und versuche deine Empfindungen bewusst wahrzunehmen.

Bei dieser ersten Übung ist das Ziel, dass du lernst, die verschiedenen Phasen (Erregungsphase, Plateauphase und Orgasmus-Schwelle) zu „erfühlen".

Versuche, dir mental Notizen zu den körperlichen Veränderungen zu machen, die du durchläufst:

Zur Atmung, zu deiner körperliche Anspannung und natürlich deinem Penis.

Das ist also der erste Schritt. Mache die Übung einige Male, bis du genau einordnen kannst, in welcher der drei Phasen du gerade bist.

Du solltest auf keinen Fall zur zweiten Übung übergehen, bevor du mit der ersten nicht zufrieden bist. Das ist echt wichtig.
Mach's einfach, wie ich sage.

Ok, hier ein klitzekleiner Kompromiss:

Falls es dir bei deiner vorgegebenen Übung mal etwas langweilig werden sollte, dann kannst du hin und wieder „Übung 4" zwischendurch machen, um etwas Abwechslung zu bekommen.
Das ist kein Problem.

Aber ansonsten gilt: Wenn du anfängst, Übungen zu überspringen, dann tust du dir damit keinen Gefallen und verschwendest nur deine kostbare Zeit.

Also lass es bleiben und sei geduldig mit dir. So kommst du am schnellsten voran...

... und wenn dem dann so ist, kann es auch schon weiter gehen.

5.4. *Masturbationsübung 2:*
Erregungsphasen-Wechsel „erfühlen"

Hier kommt es darauf an, deine Empfindungen noch einmal sehr viel genauer runter zu brechen als in der ersten Masturbationsübung.

Ganz konkret ist hier das Ziel:

Versuche genau festzulegen, wann du von einer Phase in die nächste wechselst.

Wie fühlst du dich, wenn dieser Wechsel stattfindet? Gibt es besondere Anzeichen für diesen Wechsel?

Hört sich echt blöd an:
Aber du musst einfach versuchen, diese Wechsel zu „erspüren".

Auch das wird einige Wiederholungen der Übung in Anspruch nehmen. Lass dir mit diesen Übungen ruhig viel Zeit. Denn das Wissen, wann du von einer Erregungsphase in die nächste wechselst, wird später Gold wert sein.

Genauso wie folgendes:

5.5. *Masturbationsübung 3:*
Die 70, 80 oder 90 „erfühlen"

Sobald du die ersten zwei Übungen erfolgreich über die Bühne gebracht hast, kommt hier die nächste:

Achte ganz besonders auf die Erregungspunkte 70, 80 und 90.

Denn die sind ein Krisenherd. Und deshalb musst du sie unbedingt (!) sofort identifizieren können. Wenn du das nicht kannst, hast du schon alles versaut.

Und im Gegensatz dazu: Wenn du genau weißt, dass du bei einer 70, 80 oder 90 bist, dann…

… wirst du genau die Techniken anwenden können, mit denen du das Ruder nochmal rumreißen kannst.

Also: Mach die Übung etliche Male, um dich konkret auf deine persönliche 70, 80 und 90 zu konzentrieren. Es wird sich lohnen!

So auch…

5.6. *Masturbationsübung 4:*
Das Highlight – den Sprung der 90 zur 100 „erfühlen"

Der alles bedeutende Sprung von der 90 zur 100!

Ich kann es nicht genug betonen:
Bemühe dich nach Leibeskräften, diesen Schritt wahrzunehmen.

Gerade hättest du noch aufhören können oder das Steuer rumreißen…

… und im nächsten Moment ist schon alles vorbei und du kannst nichts mehr ändern... nur noch genießen.

Dieser kleine feine Unterschied!

Letztendlich dreht sich dieses Buch ja um nichts anderes.

Deshalb gib bei diesen Übungen wirklich dein Allerbestes, diese Veränderung voll bewusst wahrzunehmen.

Brenne dir alles, was dir dazu auffällt (u. a. Atmung, Muskelanspannung, Empfinden im Penis) für immer ins Hirn!

Denn hier liegt letztlich einer der wichtigsten Schlüssel zum Erfolg.

Wow, wenn du diese Übungen alle erfolgreich durchlaufen hast, dann bist du wirklich schon einen Riesenschritt weiter.

Kompliment! Echt stark!

Denn dann wirst du mehr Körper -„Bewusstsein" haben, als 97,5% aller Männer.

Und das wird dir einen unglaublichen Vorteil verschaffen. Versprochen.

Genauso wie auch die nächste Übung:

5.7. *Masturbationsübung 5:*
Extra gut

Im Grunde genommen ist diese Übung den vorangegangenen vier sehr ähnlich: Nur eben extra gut.

Denn hier kannst du - solltest sogar- Hilfsmittel benutzen.

Was genau meine ich damit?

Zu zwei Sachen würde ich dir besonders raten:

Gleitmittel und Pornos (Bilder, Videos, Geschichten oder was auch immer dich sonst anturnt).

Wenn du möchtest, kannst du die Übung auch im Liegen probieren. Für einige Männer steigert das auch nochmal die Erregung.

Und dann machst du folgendes:

Masturbiere ganz normal, wie auch schon in den 4 Übungen davor.

Allerdings gibt es eine kleine Veränderung:

Dadurch, dass du das Gleitmittel benutzt und/oder dir Pornos reinziehst, wirst du sehr viel stärker erregt sein.

Das heißt, deine Erregungsphase wird wahrscheinlich deutlich kürzer sein, weil du schneller in die Plateauphase wechselst.

Ansonsten ist die Übung allerdings genau die gleiche.

Also so geht's: Du durchläufst einfach nochmal alle Übungen (1-4), aber eben nun mit den erregungssteigernden Hilfsmitteln.

Warum das Ganze? Ist das nicht doppelt gemoppelt, fragst du dich vielleicht?

Nein, es hat durchaus seinen Sinn. Lass mich verraten, wieso diese Übung dir dein Sexleben geradezu retten kann:

Nehmen wir nochmal einen fiktiven Fall: Mark und seine Langzeitpartnerin Julia.

Normalerweise dauert der Sex bei den beiden immer rund 25 Minuten. Das finden beide gut und so hat es sich einfach eingependelt.

Mark weiß auch ziemlich genau, wie lange er in jeder Phase (Erregungsphase und so weiter) verweilt. Auch in Bezug auf die 25 Minuten...

... aber leider gibt's dann irgendwann ne Krise und das war es mit Mark und Julia.

Klarer Fall: Ein neues Mädel muss her. Mark braucht wieder Action und hat in Windeseile eine Neue am Start.

Damit haut sich Mark allerdings zunächst derb auf die Schnauze...

... denn er hat nun zwei unerwartete Probleme:

Erstens turnt ihn seine neue Schnitte mehr an, als seine alte (genial!).

Das heißt leider aber auch, dass seine Erregung geradezu gen Himmel schießt – und sein „25-Minuten Konzept" (wo er immer wusste, wie erregt er in welcher Minute ist) leider prompt den Bach runtergeht.

Und zweitens:

Mark und seine Neue sind sowas von scharf aufeinander, dass sie sich im Büro gleich mal bei einem Quickie abreagieren.

Und da ist er auch schon:

Der endgültige Todesstoß für Marks ehemalig bewährtes „25-Minuten-Konzept".

Nun, mal ehrlich: Wir wissen es ja beide – schließlich ist es kein Geheimnis:

Sex dauert nicht immer gleich lang...

... und besonders dann, wenn du vorhast, mit mehr als einer Frau zu schlafen, dann...

... tust du gut daran, nicht nur auf eine Weise zu masturbieren.

Denn gänzlich ohne Hilfsmittel ist zwar ganz nett, aber dann gewöhnst du dich daran, wie dein Körper in dieser einen Situation reagiert.

In einer anderen Situation könnte sich deine Erregung allerdings ganz anders anfühlen.

Was, zum Beispiel, wenn du zwei pralle Brüste vor deiner Nase hast?

Wäre deine Erregung genau die gleiche... Wahrscheinlich nicht. Und genau deshalb bietet es sich an, deine Masturbation auch gelegentlich etwas zu variieren.

Damit du wirklich spüren kannst, wie erregt du wann bist.

Egal, ob der Sex 4 Minuten dauert oder eine Stunde. Und mit wem du gerade schläfst.

Einleuchtend?

Gut, dann mach dich ran, wiederhole Übungen 1-4 nur eben mit dem Extraturbo! Dann wirst du für alle Quickies sowie Marathon-Sex mit jeder erdenklichen Frau gewappnet sein.
In diesem Sinne: Weiter so, ...

... jetzt geht's richtig los:

5.8. *Masturbationsübung 6:*
Immer näher dran…

Ok, bis jetzt ging es immer darum, genau zu „erspüren", auf welchem Erregungslevel du gerade bist:

Der Erregungsphase, dem Plateau und der Phase der Orgasmus-Schwelle.

Und runter gebrochen haben wir es ja von 0-100 betrachtet.

Der ganze Aufwand der Übungen 1-5 drehte sich ja praktisch darum.

Aber jetzt geht es einen entscheidenden Schritt weiter:

Wenn du die Übungen erfolgreich abgeschlossen hast, dann müsstest du deine Erregung deutlich auf einer Skala von 0-100 einordnen können.

Und ganz besonders gut solltest du die letzten Abschnitte (70, 80 90 und 99 zu 100) erkennen können.

Falls dem noch nicht der Fall ist, keine Sorge. Übe einfach weiter. Das dauert seine Zeit… ist sie aber garantiert wert.

Denn wenn dem so ist, dann kannst du jetzt damit beginnen, deinen Orgasmus gekonnt hinauszuzögern.

Und genau das ist das Ziel dieser Übung:

Dein Körper soll sich nämlich daran gewöhnen, dem „Punkt ohne Widerkehr" nahe zu kommen, ohne die feine rote Linie zu übertreten.

Bis jetzt ist er ja gewohnt, bei großer Erregung praktisch gleich über das Ziel hinauszuschießen.

Stattdessen lernst du aber durch diese Übung nah dran zu kommen und dann... deine Munition noch zurückzuhalten.
Einfach stark!

Genau das eben, was einen Sexgott ausmacht!

Und so geht's:

Kurz vorneweg:

Ob du Gleitmittel und/oder Pornos verwenden möchtest, bleibt dir überlassen. Du kannst die Übung auch mal mit und mal ohne machen. Mach's einfach so, wie es dir am besten gefällt.

Also...

... du masturbierst ganz normal, wie auch bei den Übungen 1-5.

 Mit einem - alles entscheidenden - Unterschied:

Wenn du bei der 80 angelangt bist, hältst du inne und lässt deine Erregung zurück auf eine sichere 50 sinken.

Das kannst du entweder dadurch tun, mit der Stimulierung kurzzeitig aufzuhören...

... oder zumindest zu reduzieren, bis du auf 50 zurückgefallen bist.

Wenn du dort angekommen bist, stimulierst du deinen Penis wieder stärker, bis du bei der 70 angelangt bist.

Und dort verweilst du dann rund eine Minute – ohne auf die 80 zu steigen oder auf die 60 zu sinken.

Falls du das Gefühl hast, dass sich deine Erregung der 80 nähert, kannst du wieder die Stimulierung reduzieren. Falls du auf die 60 abzusacken drohst, kannst du weiter vorne nahe der Eichel anfassen, was dich schnell wieder höher bringen sollte.

Nach einer guten Minute kommt jetzt schon der erste Härtetest.

Du steigst hoch auf eine 80 und 90.

Hier passt du natürlich saumäßig auf, dass du nicht aus Versehen übers Ziel hinaus schießt.

Bei der 90 angelangt, unterbrichst du jegliche Stimulierung...

... bis du wieder sicher auf der 50 angelangt bist.

Und dann machst du nochmal das gleiche:

Nur dieses Mal verweilst du bei der 80 (statt der 70) eine Minute.

Und lässt dich danach auf eine 60 zurückfallen.

Und danach lässt du den Dingen dann einfach ihren Lauf: 70, 80, 90...

... jetzt sollten dir die Unterschiede schon sehr deutlich sein...
... und zu guter letzt: 100!

Ich kann nur sagen:
Nach diesem „Trainingslager" hast du das dann auch wirklich verdient!

Hut ab!

Wenn du diese 6 Übungen konsequent durchziehst, dann wirst du nach kurzer Zeit den allermeisten Männern im Bett – und somit im Leben - überlegen sein... verlass dich drauf!

Nun, damit du dein Schicksal als Sexgott auch wirklich komplett auskosten kannst, geht es weiter zum Teil 2 des Trainingslagers...

6. Mit dem PC-Muskel zum Erfolg im Bett

Wenn du die Übungen aus diesem Kapitel konsequent durchziehst, dann wirst du innerhalb der nächsten drei Monaten den allerbesten Sex deines Lebens haben – garantiert.

Also lies aufmerksam weiter und mach' dann, was ich dir sage.

In diesem Kapitel geht es erstmal ums Grundverständnis rund um den PC-Muskel und Übungsvarianten...

... und im nächsten Kapitel kriegst du deinen persönlichen Trainingsplan vom Anfänger bis zum Sexgott...
Interessiert?

Also auf geht's:

6.1. Warum ist ein gut trainierter PC-Muskel so bedeutend?

PC-Muskel ist die Abkürzung des lateinischen Ausdrucks **M**usculus **P**ubo**C**occygeus, einer der Muskeln, die die Geschlechtsorgane im Bereich des Beckenbodens umgeben.

Wie du den PC-Muskel genau findest, verrate ich dir gleich...

... aber vorher solltest du wissen, warum dein PC-Muskel dein Sexleben abgehen lassen wird wie eine Rakete.

Denn wenn er gut trainiert ist, wird er dir folgendes bescheren:

1) Dein Orgasmus wird DER Hammer... krass!

2) Deine Ejakulation wird raus schießen wie Wasser aus einem Feuerwehrschlauch – unglaublich!

3) Deine Erektionen werden steinhart und länger andauern – so was hast du noch nicht erlebt!

4) Du wirst deinen Penis viel intensiver empfinden – das heißt, du weißt auch ganz genau, wie erregt du bist (Grundprinzip 1)

Kaum zu glauben?

Tja, ist aber wirklich wahr...

... freu dich drauf! Nicht umsonst wird der PC-Muskel auch als der Jungbrunnen der männlichen Sexualität bezeichnet.

Mit Recht, wenn du mich fragst.

Ok, also lass uns gleich weitermachen:

6.2. Wo genau ist der PC-Muskel?

Wenn du das nächste Mal zur Toilette gehst und nen Strahl ablässt, dann stoppst du mittendrin.

Halte den Urinstrahl einfach kurz an...

... und schon hast du deinen „Super-Sex"-Muskel gefunden.

Klasse, jetzt, da du weißt, um welchen Muskel es sich handelt, können wir ja gleich in die Übungen eintauchen:

6.3. Was ist Kegel?

Kurze Frage: Was machst du, wenn du nen Sixpack bekommen willst?

Klar, du stemmst Eisen.

Und wenn du deine Ausdauer verbessern willst?

Du gehst joggen oder sowas in die Richtung, nicht wahr?

Nun, und wenn du deinen PC-Muskel trainieren willst, dann…

… wendest du dich Hilfe suchend an Dr. Arnold Kegel.

Der Kerl und seine Entdeckung sind echt eine coole Geschichte:

In den 1940ern ging es für ihn darum, Frauen dabei zu helfen, ihre Unterleibsmuskulatur nach der Schwangerschaft wieder zu kräftigen.

Und genau dafür hat er Übungen entworfen.

Soweit, so gut.

Und was hat das jetzt mit deinem Sexleben zu tun?

Ich werd's dir verraten:

Denn hier kommt der Hammer:

Nachdem die Frauen die von Dr. Kegel angeordneten Übungen eine Weile gemacht hatten, gab es einen positiven Nebeneffekt...

... viele berichteten, dass ihre Orgasmen jetzt voll abgingen!

Hä?

Wird sich Dr. Kegel vielleicht auch gedacht haben... und machte sich gleich dran, die Beckenbodenmuskulatur im Zusammenhang mit Sex zu untersuchen.

Und da wurde recht schnell deutlich, dass diese Übungen nicht nur bei Frauen, sondern auch bei Männern das Sexleben optimieren können - Gott sei Dank, wenn du mich fragst!

Einfach genial!

Mein (Sex)leben haben diese Übungen auf jeden Fall im wahrsten Sinne des Wortes abheben lassen.

Und so geht's:

6.4. Die Varianten der Kegelübungen

Es gibt etliche Varianten der Kegelübungen.

Hier die fünf, die mich zum besten Sex meines Lebens geführt haben:

6.4.1. Kegelübung 1:

Den Muskel anspannen und die Spannung halten. Danach locker lassen und das Ganze einige Male wiederholen. Wie lange du die Spannung hältst kommt auf dein Trainingslevel an, wozu ich später mehr sage.

Diese Übung ist praktisch **die** Standard-Kegelübung. Besonders zu empfehlen ist sie für alle Anfänger, aber - wie gesagt - dazu später mehr.

Nur noch schnell eins:
Bei allen Kegelübungen ist es wichtig, dass du dich bemühst, nur den PC-Muskel anzuspannen und die umliegenden Muskelpartien nicht mit einzusetzen.

Achte besonders darauf, dass deine Bauch-, Bein- und Po-Muskulatur möglichst entspannt bleibt.

Es kann sein (so ging es mir zumindest), dass es vieler Wiederholungen bedarf, bis du wirklich nur den PC-Muskel trainierst. Aber keine Sorge, das kriegst du mit etwas Übung hin.

Und weiter geht es schon mit...

6.4.2. Kegelübung 2:

Diese Übung ist auch sehr simpel. Hier spannst du einfach den

PC-Muskel schnell an und lässt dann wieder locker. Du musst die Spannung nicht halten, sondern einfach so schnell wie möglich anspannen und relaxen.

Und dann geht's weiter mit einer Variante, die die beiden vorigen kombiniert:

6.4.3. Kegelübung 3:

Im Prinzip ist es hier so:

Kurz-kurz-kurz-**lang-lang-lang**-kurz-kurz-kurz.

Praktisch genau wie das Morsezeichen für „SOS".

Also dreimal schnell anspannen und locker lassen, dann dreimal anspannen und Spannung halten und zuletzt wieder dreimal schnell anspannen und locker lassen.

Und du wirst sehen, wenn du das ein paar Mal gemacht hast, dann wirst du es ganz von alleine machen, ohne irgendwie zählen zu müssen oder so.

Und genauso sieht es auch bei der nächsten Übung aus – auch sie ist mit etwas Übung bald super leicht:

6.4.4. Kegelübung 4:

Hier ist das Prinzip: Kurz-lang-länger…

Also du beginnst zum Beispiel, die Spannung eine Sekunde zu halten. Dann entspannst du dich. Dann spannst du den PC-Muskel wieder an und hältst die Spannung 2 Sekunden und so weiter...

... das machst du, bis du die Spannung 10 Sekunden hältst.

Verständlich genug, oder? Und wirkt Wunder – versprochen.

Und da sind wir auch schon bei der letzten Variante:

6.4.5. Kegelübung 5:

Hier machst du fast das genaue Gegenteil von allen anderen Übungen.

Statt den Muskel anzuspannen (und dadurch nach oben und innen zu ziehen) drückst du ihn raus.

So ungefähr als würdest du auf dem Klo eine Bombe abgehen lassen.

Der Hintergrund hierbei ist, dass jeder Muskel durch „ziehen" und „drücken" gekräftigt wird.

Und weil das auch beim PC-Muskel gilt, ist diese Übung hier auch Gold wert.

Ja, das waren sie auch schon. Meine „Lebensretter".

Und damit sie für dich genau das gleiche tun, brechen wir gleich auf ins nächste Kapitel:

7. Übung macht den Meister: Dein persönlicher Trainingsplan zum Erfolg

Gleich mal vorneweg:

Von einmal Eisen stemmen hat noch nie jemand nen Six-Pack bekommen.

Und genauso wird es auch bei deinem PC-Muskel sein.

Was gleich zu der Frage führt:

7.1. Was ist der gravierendste Fehler, den ich beim PC-Muskel-Training machen kann?

Nun ja... im Prinzip ist es ganz einfach. Die meisten fangen voller Begeisterung und Tatendrang an. Machen einige der Kegelübungen für ein paar Tage – vielleicht auch eine Woche und denken dann, sie wären jetzt auch schon der Sexgott in Person.

Sorry, aber falls du denkst, dass es so läuft, dann fang gar nicht erst an. Wenn du ne Wunderlösung willst, dann vergiss es. Leg das Buch beiseite – es ist nichts für dich.

Dieser Trainingsplan ist für Kerle, die einfach das tun, was nötig ist

– und zwar so lange es nötig ist.

Du fängst ja auch nicht heute mit Fußballspielen an und kommst auf die Idee, morgen schon in der Nationalmannschaft zu spielen, oder?

Natürlich nicht.

Ganz im Gegenteil. Du fängst vielleicht an zu trainieren und statt dem Supererfolg bekommst du erstmal was ganz anderes:

Muskelkater.

So ist es eben. Aber du weißt, dass das ein „gutes" Zeichen ist.

Was gleich die Frage aufwirft:

7.2. Was muss ich über die Kegelübungen wissen?

Denk an den Muskelkater.

Tag 1: Du trainierst wie so ne Sau…

Tag 2: Du hast einen Scheiß-Muskelkater… und du schneidest in den Übungen schlechter ab als an Tag 1.

Verarsche?
Nein, ist es nicht, sondern „positiver Rückschlag".
Genauso sieht es auch mit deinem PC-Muskel-Training aus.

Wenn du es rund eine Woche gemacht hast, dann kann es durchaus vorkommen, dass du das Gefühl hast, jetzt ist alles noch schlechter als vorher.

Aber hör mir zu:

Keine Panik! Das ist völlig normal.

Und wie gesagt, dieses Programm ist für alle die Männer, die es von Anfang bis Ende durchziehen wollen.

Wenn du immer das große Ziel vor Augen hast, dann wird dich dieses anfängliche Hindernis nicht stören.

Mach einfach weiter: Ich versichere dir, du bist auf einem guten Weg.

Was gleich zur nächsten Frage nach den Meilensteinen führt:

7.3. Wann kann ich Resultate erwarten und welche?

Ok, damit du also weißt, worauf du dich einlässt – hier mal ein grober Überblick:

Woche 1:
Wie gesagt, hier kann es sein, dass es aussieht, als

würdest du Rückschritte machen. Keine Sorge... dem ist nicht so.

Freue dich einfach auf die nächsten Wochen, denn...

Woche 2-4:

Da kann die Welt schon wieder ganz anders aussehen. Deine Erektionen werden spürbar länger und härter. Hau rein!

Und es wird immer besser...

Woche 5-8:

Die Länge und Härte deiner Erektionen schießt weiter gen Himmel. Außerdem wird dein PC-Muskel schon sehr viel stärker sein... und du wirst intensiveres und genaueres Empfinden in deinem Penis haben... und somit deinen Orgasmus besser vorhersagen können.

Und dann geht dein „Trainingslager" auch schon fast dem Ende zu...

Woche 9 und danach:

Deine Erektion wird härter und länger sein als je zuvor. Du wirst deine Samen abfeuern wie eine Rakete und deine Orgasmen sehr genau vorhersehen können.

Das Gesamt-Paket bedeutet: Deine Leistung wird 300%ig besser sein - garantiert!

Super, du siehst also, es wird sich lohnen.

Gespannt?

Na dann, auf geht's – noch kurz vorneweg:

7.4. Wann und wo sollte ich die Übungen machen?

Das geniale an den Kegelübungen ist, dass sie praktisch „unsichtbar" sind.

Demnach kannst du sie überall und zu jeder Tageszeit machen.

Wenn du mich fragst, ist es das Wichtigste, dass du dir deine eigene Routine schaffst, die für dich passt und an die du dich täglich hältst.

Hier einige Beispiele, die sehr beliebt sind:

<u>Beim Duschen:</u>

Schließlich duschst du sowieso jeden Tag (hoffentlich).

Darum ist es wirklich praktisch. Denn wenn man sich erstmal dran gewöhnt hat, dann macht man es geradezu automatisch – auch wenn man noch halb verschlafen ist.

Falls du natürlich nur zwei Sekunden unter die Dusche springst, bringt dir dieser Zeitraum nichts.

Dann wäre vielleicht eine andere Variante besser.

Zum Beispiel:

Beim zur Arbeit fahren:

Ob im Auto oder auch im Bus oder der Bahn. „Unsichtbar" wie die Übungen sind, kann man auch diese Zeit gut nutzen.

Und zur Arbeit fahren wirst du wahrscheinlich auch regelmäßig. Und genau darauf kommt es an: Die Übungen so in deinen Tagesablauf einzubauen, dass du nicht mehr darüber nachdenken musst, wann und wo du sie machst.

Sie müssen einfach ein Teil deines Tages sein.

Also, frag dich selbst: Was machst du sonst noch täglich?

Fernsehen?

Schlafen?

Vor dem ins Bett gehen oder gleich nach dem Aufstehen. Das passiert ja nun garantiert täglich. Probier's mal aus, vielleicht passt es ja für dich.

Zur Toilette gehen?

Auch das passiert mehr als einmal pro Tag, nicht wahr? Warum nicht hier die Übungen einbauen?

Alles Zeiten, die du nutzen kannst. Du siehst, du hast viele Möglichkeiten.

Nochmal: Das sind alles nur Vorschläge. Das Wichtigste ist, dass du dir deine Routine einrichtest.

Das kann ich echt nicht genug betonen. Denn sobald du drüber nachdenken musst, wann und wo du die Übungen machst, wirst du wahrscheinlich schon das Handtuch werfen.

Also mach's dir leicht und baue auf deine Routine – die du dann auch nicht mehr hinterfragst.

Ok, hoffe, die Nachricht ist angekommen.

Super, dann kannst du ja jetzt wirklich mit den Übungen loslegen. Und so geht's:

7.5. Der Trainingsplan:
Mein Weg vom Anfänger bis zum Profi

Bevor du dich auf den Erfolgskurs begibst, hier nochmal schnell drei Anmerkungen:

Erstens - wie schon vorhin angesprochen:

Achte unbedingt darauf, dass du nur deinen PC-Muskel anspannst – und dabei deine anderen Muskelpartien locker lässt.

Zweitens:

Benutze eine Uhr. Natürlich kannst du nicht eine halbe Sekunde stoppen, aber wenn die Anspannung einige Sekunden dauert, dann ist eine Uhr wirklich hilfreich – zumindest am Anfang, bis du dein Zeitgefühl entwickelt hast.

Und drittens:

Jede Anspannung zählt!

Mach hier keine halben Sachen:

Es ist echt wichtig, dass du bei jeder einzelnen Anspannung dein Bestes gibst. Wenn du hier anfängst, Scheiß zu machen, dann wird dir alles nichts bringen. (In dem Fall lass es lieber ganz bleiben!)

Mach es einfach so, wie ich dir's sage.

Folge ganz einfach dem Plan.

Denn ich habe die Übungen so gegliedert, dass sie anspruchsvoll sind, deinen PC-Muskel aber nicht überfordern werden.

Deshalb solltest du auch nicht irgendeine Trainingswoche überspringen oder den Plan sonstwie abwandeln.

Nochmal: Mit Abkürzen kommst du nicht ans Ziel, und schon gar nicht schneller.

Der Schuss kann nur nach hinten losgehen!

Gut, ich hoffe, das war klar genug. Und doch wird es so manchen Kerl geben, der das Rad jetzt neu erfinden wird...

... und auf die Schnauze fliegt...

... also sieh einfach zu, dass nicht du dieser Depp bist.

Ok, genug der Vorrede und Warnung:

Los geht's:

7.5.1. Woche 1-4

Du fängst erstmal mit der Kegelübung 1 und Kegelübung 2 an. Das Wichtige ist zu lernen, den PC-Muskel zu isolieren. Dafür sind diese Übungen optimal.

Und zwar machst du folgendes:

1) *Kegelübung 1:*
   Du spannst deinen PC-Muskel **30 Mal** schnell hintereinander an. Die Anspannung sollte knapp eine halbe Sekunde dauern – das heißt, du wirst rund 15 Sekunden für diese erste Übung brauchen.

2) *Kegelübung 2:*
   Hier spannst du deinen PC-Muskel dreimal drei Sekunden lang an. Zwischendurch entspannst du ihn für eine Sekunde.

Die Reihenfolge ist also folgendermaßen (rot ist die Anspannung): **3**-1-**3**-1-**3**

3) Kegelübung 3:

Die SOS-Übung. Du spannst dreimal eine Sekunde lang an, dann dreimal drei Sekunden und dann wieder dreimal eine Sekunde. Zwischendurch entspannst du für jeweils eine Sekunde. Die Reihenfolge ist also wie folgt:
1-1-**1**-1-**1**-1-**3**-1-**3**-1-**3**-1-**1**-1-**1**-1-**1**

Du siehst:
Alle Übungen zusammen nehmen nicht besonders viel Zeit in Anspruch. Darum ist es auch umso wichtiger, dass du bei jeder einzelnen Anspannung dein Bestes gibst.

Außerdem solltest du die Übungen zweimal täglich (mit mindestens vier Stunden Abstand zwischen beiden Trainingseinheiten) durchführen.

Und zwar zwei Tage hintereinander und dann einen Ruhetag einlegen. Dann wieder zwei Tage trainieren und dann wieder einen Tag Pause.

In der folgenden Tabelle habe ich dieses Prinzip verdeutlich. Die gelben Tage sind die Trainingstage, an den weißen Tagen ist frei.

	Mo	Di	Mi	Do	Fr	Sa	So
Woche 1			frei			frei	
Woche 2		frei			frei		
Woche 3	frei			frei			frei
Woche 4			frei			frei	

Wichtig: Gönn dir die Pausentage zur Entspannung!

Die meisten Leute denken, dass sich Muskel nur entwickeln, wenn man sie beansprucht.

Das ist im Grunde auch richtig.

Allerdings solltest du auch folgendes wissen:

Wenn Muskeln regelmäßig beansprucht werden und dann eine Pause bekommen, dann werden sie sich in dieser Zeit auch weiterentwickeln!

Also, wenn du die Übungen konsequent machst, dann sind die Ruhetage genauso wichtig wie alle anderen.

Halte dich daran... denn du kannst mir glauben:

Wenn du schneller an dein Ziel kämst, wenn du jeden Tag trainieren würdest, dann würde ich es dir sagen.

Dem ist aber nicht so. Also immer mit der Ruhe.

Du wirst jetzt schon deutliche Verbesserungen spüren und kannst dich somit voller Tatendrang in die nächste Runde stürzen.

Ab der fünften Woche geht es so weiter:

7.5.2. Woche 5-8

Hier geht es darum, die Übungen der letzten Wochen auf einem höheren Level zu betreiben und die Kegelübung 4 hinzuzufügen.

Deine Trainingsroutine sieht wie folgt aus:

1) *Kegelübung 1:*

   Du spannst deinen PC-Muskel **60 Mal** schnell hintereinander an. Wie auch in den vorigen Wochen, sollte die Anspannung knapp eine halbe Sekunde dauern.

2) *Kegelübung 2:*

   Hier spannst du deinen PC-Muskel sechsmal sechs Sekunden lang an. Zwischendurch entspannst du ihn für zwei Sekunden. Die Reihenfolge ist also folgendermaßen (rot ist die Anspannung): **6-2-6-2-6-2-6-2-6-2-6**

3) *Kegelübung 3:*

   Die SOS-Übung. Du spannst dreimal zwei Sekunden lang an, dann dreimal sechs Sekunden und dann wieder dreimal zwei Sekunden. Zwischendurch entspannst du für jeweils eine Sekunde. Die Reihenfolge ist also wie folgt:
   2-1-2-1-2-1-6-1-6-1-6-1-2-1-2-1-2

4) Kegelübung 4:

Die stufenartige Übung. Du beginnst mit einer Anspannung von einer Sekunde. Dann steigst du zu drei auf, dann zu fünf, zu sieben und endest bei neun. Zwischendurch machst du immer zwei Sekunden Pause. Diese Übung (und nur diese) machst du zweimal hintereinander. Also zwei Durchgänge. Die Reihenfolge ist wie folgt: **1-2-3-2-5-2-7-2-9.** Und dann das ganze nochmal: **1-2-3-2-5-2-7-2-9.**

5) Kegelübung 5:

Statt deinen PC-Muskel anzuspannen und damit nach innen zu ziehen, drückst du ihn nach außen. Das machst du zweimal sechs Sekunden mit einer Pause von drei Sekunden (**6-3-6**).

Du siehst, diese Trainingseinheit steht unter dem Motto der Zahl 6. Wer sich das nicht merken kann, dem kann ich auch nicht helfen.

Wegen der intensiveren Belastung als in den vorherigen Wochen, solltest du jetzt drei Ruhetage pro Woche einhalten.

	Mo	Di	Mi	Do	Fr	Sa	So
Woche 5		frei		frei		frei	
Woche 6		frei		frei		frei	
Woche 7		frei		frei		frei	
Woche 8		frei		frei		frei	

Wenn du alle Übungen konsequent durchgezogen hast, dann wirst du am Ende dieser vier Wochen vom Erfolg beflügelt in die nächste Phase durchstarten wollen.

Ich werde dich nicht aufhalten:

Weiter geht's:

7.5.3. Woche 9-12

So, jetzt bist du bereit, auch die letzte Kegelübung in deinen Trainingsplan zu integrieren.

Klasse, denn dann ist das Training komplett.

Und so sieht es genau aus:

1) *Kegelübung 1:*
    Du spannst deinen PC-Muskel **90 Mal** schnell hintereinander an. Wie auch in den vorigen Wochen, sollte die Anspannung knapp eine halbe Sekunde dauern.
2) *Kegelübung 2:*
    Hier spannst du deinen PC-Muskel neunmal neun Sekunden lang an. Zwischendurch entspannst du ihn für jeweils vier Sekunden. Die Reihenfolge ist also folgendermaßen (rot ist die Anspannung): **9-4-9-4-9-4-9-4-9-4-9-4-9-4-9-4-9**

3) *Kegelübung 3:*
    Die SOS-Übung. Du spannst dreimal drei Sekunden lang an, dann dreimal neun Sekunden und dann wieder dreimal drei Sekunden. Zwischendurch entspannst du für jeweils zwei Sekunden. Die Reihenfolge ist also wie folgt:
    3-2-3-2-3-2-9-2-9-2-9-2-3-2-3-2-3

4) Kegelübung 4:

Die stufenartige Übung. Du beginnst mit einer Anspannung von sechs Sekunden. Dann steigst du zu zwölf auf, dann zu achtzehn, zu vierundzwanzig und endest bei dreißig. Zwischendurch machst du immer sechs Sekunden Pause. Dieses Mal machst du diese Übung auch nur einmal! Die Reihenfolge ist wie folgt: **6-6-12-6-18-6-24-6-30**.

5) Kegelübung 5:

Statt deinen PC-Muskel anzuspannen und damit nach innen zu ziehen, drückst du ihn nach außen. Das machst du dreimal neun Sekunden mit Pausen von jeweils fünf Sekunden (**9-5-9-5-9**).

Bei diesem intensiven Trainingsplan solltest du pro Woche drei Trainingstage haben und dich an den restlichen vier entspannen.

In der Tabelle siehst du, wie du dass am besten regelmäßig machst:

Einen Tag trainieren, danach einen Tag Pause.

Dann wieder trainieren und zwei Tage Pause.

Danach dann wieder trainieren und wieder nur einen Tag Pause.

	Mo	Di	Mi	Do	Fr	Sa	So
Woche 9		frei		frei	frei		frei
Woche 10		frei	frei		frei		frei
Woche 11	frei		frei		frei	frei	
Woche 12	frei		frei	frei		frei	

Nach Woche 12 kann ich nur sagen:
Hut ab!

Wenn du alles konsequent durchgezogen hast, dann heißt es jetzt:
Willkommen im Club der Sexgötter!

Mädels, ich komme (aber nicht mehr zu früh).
Und damit das auch in Zukunft so bleibt – hier die Frage:

7.6. Wie trainiere ich nach dem Kegelkurs weiter?

Ok, nach den 12 Wochen wirst du so gut dabei sein, dass du deine „Fitness" nie wieder verlieren willst.

Nun ja, was soll ich sagen, es liegt 100%ig an dir. Zum Glück.

Du weißt ja, was für Übungen du machen kannst und wie weit sie dich gebracht haben.

Mein Rat:

Stelle dir nach deinen 12 Wochen einen persönlichen weiteren Trainingsplan zusammen.

Idealerweise solltest du nie wieder mit den Übungen aufhören!

Natürlich kannst du regelmäßig auch die eine oder andere Ruhewoche einlegen.

Aber du weißt ja selbst, wenn du die Ruhepausen (statt des Trainings) zur Gewohnheit werden lässt, dann geht's ziemlich schnell den Bach runter.

Mehr brauche ich dazu sicherlich nicht sagen.

Super, also nochmal kurz als Zusammenfassung:

Du hast die Masturbationsübungen wiederholt durchgeführt und kannst dadurch deine Erregung wie den Nagel auf den Kopf treffen.

Du weißt genau, wie sich eine 70, 80 und 90 anfühlt.

Und durch die „Immer näher dran" Mastubationsübung hast du dich auch schon dran gewöhnt, nicht immer sofort zu schießen.

Super...

... außerdem arbeitest du an deinem PC-Muskel.

Dadurch ist deine Empfindung für deine Erregung noch mehr gestiegen.

... das heißt, als Kurzfassung:

Grundprinzip Nummer 1 (wie erregt bin ich?) kannst du abhaken.

Klasse... denn dann ist es jetzt wirklich an der Zeit, deinen Orgasmus noch weiter hinauszuzögern (Grundprinzip 2).

Und zwar nicht nur beim Masturbieren, sondern dort, wo es letzten Endes einzig und alleine drauf ankommt:

Beim Sex.

Und genau darauf hast du ja die ganze Zeit gewartet, nicht wahr?

Also:
Mit welchen Techniken kannst du die Erregungs-Notbremse ziehen, wenn du bei einer 80 oder 90 übers Ziel hinauszuschießen drohst?

Das erfährst du in dem alles entscheidenden Teil:

Teil II:
Mit diesen Tricks zögere ich den Orgasmus hinaus

Klasse, jetzt geht's richtig zur Sache!

In Teil 1 hast du dich mit den Masturbationsübung und deinem PC-Muskel Training in Top-Form gebracht.

Du weißt jetzt also genau, wann du bei einer 70, 80 oder 90 bist. Wann du etwas unternehmen musst, um dich wieder in Sicherheit zu begeben – nicht übers Ziel hinausschießen.

Super...

... dann fehlt jetzt nur noch eins:

Was machst du, wenn du beim Sex die „Ejakulations-Notbremse" ziehen musst?

Genau diese Frage beantwortet dieser Teil.

Als erstes zeige ich dir, wie du mit deinem Super-PC-Muskel punkten kannst.

Danach gehe ich auf die verschiedenen Stellungen beim Sex ein: Welche du vermeiden solltest und welche du nutzen kannst – damit du möglichst lange durchhältst.

Alleine dieses Wissen wird dich im Bett schon sehr viel weiter bringen.

Und danach gibt es noch jede Menge Tipps und Tricks, die du gekonnt einsetzen kannst, um super lange durchhalten zu können.

Du wirst sehen, die meisten dieser Infos kannst du bereits <u>heute Nacht</u> beim Sex anwenden – auch wenn du das PC-Muskeltraining noch nicht begonnen hast... und du diese Seiten zum ersten Mal liest.

Allerdings wirst du natürlich nur dann zum Marathon-Mann, wenn du das PC-Training voll durchziehst.

Das ist ja klar. Denn so kannst du ihn dann einsetzen, um deinen Orgasmus zu verzögern...

8. Der PC-Muskel kommt zum Einsatz

Im letzten Teil hast du ja schon gelernt, dass dein PC-Muskel-Training dir helfen wird, deine Erregung im Penis intensiver wahrzunehmen.

Das ist natürlich Klasse...

... aber zum Glück nicht alles.

Denn dein PC-Muskel kann auch direkt zum Einsatz kommen, um einen frühzeitigen Orgasmus zurückzudrängen.

Und zwar folgendermaßen:

Erinnerst du dich an die SOS PC-Muskel Übung?

Dreimal kurz, dreimal lang, dreimal kurz.

Genau... und diese Übung wirst du benutzen...

... wenn du beim Sex merkst, dass du bei einer 80 bist und auf die 90 zusteuerst...

... nur in Kurzform:

Einmal kurz (halbe Sekunde), einmal lang (vier Sekunden), einmal kurz (halbe Sekunde).

Genau in der Reihenfolge spannst du den PC-Muskel an... und zwar so stark wie du nur irgendwie kannst (als würde dein Leben davon abhängen – was es ja auch in gewissem Maße tut).

Danach entspannst du deinen PC-Muskel und machst mit dem Sex so weiter wie vorher.

Sobald du wieder aufs höchste erregt bist, wiederholst du die SOS-Notbremse – diesmal mit sechs Sekunden für die lange Anspannung.

Auch danach entspannst du wieder. Falls es dann nochmal sein sollte, kannst du die lange Spannung nochmal 4 Sekunden halten.

Ich muss sagen, ich war echt baff, was für einen riesen Unterschied diese Technik macht. Echt der Hammer!

Natürlich brauchst du dafür einen überdurchschnittlich starken PC-Muskel. Und den bekommst du nicht von heute auf morgen.

Nun, Übung macht den Meister, aber...

... falls du schon heute Abend (oder sehr bald) ein heißes Date auf dich warten hast, dann muss natürlich sofort eine kurzfristige Lösung her.

Klare Sache. Kann ich nur zu gut verstehen.

Falls dem so sein sollte: Keine Sorge... lies schnell weiter...

... denn mit den weiteren Tipps wirst du auch schon in den nächsten 24 Stunden dein Durchhaltevermögen um 240% steigern können.

9. Stellungen – wie ist bei mir die Lage?

Ok, mal ganz platt:

Einige Stellungen schreien geradezu nach einem frühen Orgasmus. Wenn du also konsequent in diese Fettnäpfchen trittst, dann wirst du am Anfang nicht weit kommen.

Andere Stellungen hingegen, werden dir bereits heute Nacht helfen, länger durchzuhalten.

Das nur schnell vorneweg. Aber erstmal eins nach dem anderen:

9.1. Auf welche Weise können Stellungen einen Einfluss auf meinen Orgasmus haben?

Hmmm... interessante Frage, nicht wahr?

Wenn's dir so geht wie mir (als ich immer zu früh kam), dann wird dich dieses Kapitel echt überraschen.

Ich muss ehrlich sagen: Ich hatte mir damals auch keine Gedanken um alle diese Dinge gemacht.

Aber es ist wirklich erstaunlich, was für einen großen Unterschied sie machen.

Deshalb lass uns gleich loslegen:

Im Prinzip geht es darum, dass die sexuelle Erregung beim Geschlechtsverkehr aus zwei verschiedenen Faktoren besteht:

Der körperlichen Erregung und der psychischen Erregung.

Was ist damit genau gemeint?

Die körperliche Erregung schießt unter anderem dann in den Himmel, wenn die Eichel übermäßig stark gereizt wird.

Auch intensive Muskelanspannung kann die körperliche Erregung nach oben schnellen lassen.

Und die psychische Erregung?

Stell dir mal kurz deine Partnerin mit weit gespreizten Beinen und offenen Schamlippen vor…

… ich denke mal, du weißt jetzt, was ich mit psychischer Erregung meine (sonst sollte wohl ne neue Partnerin her).

Aber das ist natürlich nur ein Beispiel.

Besonders tiefes Eindringen in deine Partnerin, wirkt sich ebenfalls auf deine psychische Erregung aus.

Genauso wie Dominanz. Du hast die Kontrolle? Auch das kann psychisch erregend wirken.

Und zu guter letzt: Visuelle Reize.

Ich sage nur, Ihre Brüste vor deiner Nase oder ihr geiler Arsch. Hallo...

Du siehst also, es gibt jede Menge Auslöser, die deine körperliche sowie deine psychische Erregung wie eine Rakete abgehen lassen können.

Wenn du dich noch mit frühzeitiger Ejakulation schwer tust, dann solltest du darauf achten, nicht gleich einen Erregungs „Overkill" zu veranstalten.

Das heißt, es wäre dumm, dich allen diesen Auslösern auf einmal auszusetzen und dich dann zu wundern, warum du nicht anders kannst, als sofort zu kommen.

Natürlich wirst du am Ende deines Trainingslagers genug Techniken parat haben, um alle diese erregenden Szenarien in dein Sexleben zu integrieren... keine Sorge!

Aber für den Moment ist eben etwas Vorsicht geboten.
Fair?

Gut... dann lass uns gleich weitermachen:

9.2. Unvorteilhafte Stellungen – unbedingt vermeiden!

Ok, also diese Stellungen solltest du wirklich vermeiden, wenn du jetzt erstmal zu Rande kommen willst:

9.2.1. Missionarsstellung

Überrascht?

Ich kann's dir nicht verübeln, war ich auch.

Nun, die Lage ist aber wie folgt.

Klar, die Missionarsstellung ist bei fast allen Paaren sehr beliebt.

Und eigentlich würde man denken, dass sie geeignet wäre, weil du als Mann das Sextempo ja selbst bestimmen kannst...

... aber auch wenn das der Fall ist, lass es vorerst bleiben.

Denn hier ist die Tücke:

Um bei der Missionarsstellung deine unter dir liegende Partnerin nicht zu zerquetschen, stützt du ja dein Gewicht auf deinen Unterarmen und mit deinen Beinen ab.

Dadurch werden deine Muskeln enorm beansprucht.

Und genau diese Muskelanspannung macht es dir schwierig, deine Erregung korrekt einzuordnen.

Das heißt, es wird viel schwieriger, deine Erregung korrekt einzuschätzen und deinen Orgasmus zu kontrollieren.
Du siehst also:

Nur weil die Stellung auf den ersten Blick wie eine gute Idee wirkt, muss dem noch lange nicht so sein.

Wenn du sie also in nächster Zeit erstmal aus deinem Sexleben streichst, wirst du dir und deiner Partnerin einen Gefallen tun. Versprochen.

Und genauso ist es mit der:

9.2.2. A Tergo Stellung

Dabei ist die Frau auf allen Vieren. Du kniest hinter ihr und dringst von hinten in sie ein.

Für viele Männer ist das eine der erregendsten Stellungen.

Tatsache ist sogar:

Viele Männer, die sonst Schwierigkeiten haben, zum Orgasmus zu kommen, erreichen durch diese Stellung den Höhepunkt.

Denn dem Mann ist hier die Handlung überlassen (die Dominanz ist enorm) und es sind auch schnelle und heftige Schübe möglich – da kann der eine oder andere einfach nicht widerstehen. Und noch dazu kommt der Anblick ihres Pos...

... und... dann ist die Munition auch schon verschossen.

Und das willst du ja vermeiden, nicht wahr?

Wenn dem so ist, dann kannst du das nächste Kapitel mit viel Begeisterung lesen...

... denn hier geht es um die Stellungen, die dich heute Nacht schon länger durchhalten lassen werden.

Auf geht's:

9.3. Vorteilhafte Stellungen

Ok, es gibt drei Stellungen, die ich am Anfang empfehlen würde...

... wie gesagt, du wirst bald alle erdenklichen Stellungen ausprobieren können, aber jetzt ist es cleverer, erstmal auf der sicheren Seite zu bleiben.

Und hier kommen deine Lebensretter:

9.3.1. Die Wiegestellung

Hierbei setzt sich deine Partnerin auf deine Oberschenkel. Du kannst euch dann durch wiegende Bewegungen stimulieren. Am besten umarmt ihr euch dabei liebevoll...

... du kannst es dir ja denken. Viele Frauen empfinden diese Stellung als sehr sinnlich.

Aber nicht nur das...

... sondern hier deine Vorteile:

Erstens sind hastige und tiefe Schübe in dieser Stellung nicht möglich. Dadurch hält sich die Stimulierung deines Penis in Grenzen und ihr könnt es länger treiben.

Und zweitens sind die visuellen Reize minimal, wenn ihr fest umschlungen seid oder euch einfach dabei küsst. Dadurch hält sich auch deine psychische Erregung halbwegs in Grenzen.

Ist doch einleuchtend, oder?

Sicherlich, aber bestimmt willst du mehr als eine Stellung in deinem Arsenal haben...

... deshalb lass uns gleich weitermachen...

9.3.2. Die Löffelchenstellung

Bei dieser Stellung liegen du und deine Partnerin auf der Seite. Du liegst hinter ihr und dringst von hinten in sie ein.

Diese Stellung würde ich dir besonders empfehlen, wenn visuelle Reize für dich einfach „zu viel" sind.

Wenn du also schon beim bloßen Anblick der Brüste oder des Genitalbereichs deiner Partnerin sabberst, dann ist diese Stellung vielleicht deine Rettung.

Denn da du ja hinter ihr liegst, fest umschlungen, bekommst du reichlich wenig zu Gesicht.

Stattdessen kannst du dich voll auf deine eigenen Empfindungen konzentrieren und somit deinen Orgasmus immer weiter hinauszögern.

Nicht dumm, oder?

Sicherlich, aber hier mein allergrößter Favorit:

9.3.3. Reiterstellung

Also du liegst auf dem Rücken, deine Partnerin sitzt auf dir und du dringst in sie ein.

Ich sag's dir: Eine bessere Position könnte es im Moment für dich nicht geben!

Und hier ist der Grund:

Du liegst völlig entspannt auf dem Rücken und kannst dich voll auf dich konzentrieren. Du musst dich um nichts kümmern, sondern kannst deine Empfindungen genau wahrnehmen und gekonnt reagieren (zum Beispiel mit einer mehrsekündigen PC-Muskel Anspannung).

Und das i-Tüpfelchen ist:

Diese Stellung ist auch noch für deine Partnerin absolut genial. Schließlich bestimmt sie das Tempo und die Tiefe der Schübe und kann so selbst höchst erregt werden und zum Orgasmus kommen.

Klasse, oder?

Das kann man wohl sagen...

... nun, jetzt hast du also drei Stellungen, mit denen du anfangen kannst.

Nach und nach - wenn du mehr Vertrauen in deine Fähigkeit gewonnen hast, deinen Orgasmus zu kontrollieren - werden dir natürlich alle Türen weit offen stehen.

Und bis es soweit ist, hier noch einige Tipps, die du auch gleich beim nächsten Mal anwenden kannst...

... du wirst begeistert sein:

10. Welche weiteren Möglichkeiten gibt es, um meinen Orgasmus hinauszuzögern?

Dieses Kapitel ist eine Zusammenstellung von verschiedenen Dingen, die du noch unternehmen kannst, um bereits heute Nacht besser wegzukommen.

Wenn du also bald ein heißes Date hast, oder deine Partnerin schon heute Nacht beeindrucken willst, dann solltest du dieses Kapitel ganz genau lesen.

Auf geht's:

10.1. Warum kann ich schon beim Eindringen alles verderben

An dieser Stelle verlieren viele Männer bereits das Spiel „frühzeitiger Orgasmus".

Sie machen folgendes: Sie gleiten hastig in die Frau rein und peitschen dann schnell und heftig los.

Zu guter Letzt sind sie dann auch noch verwundert, warum sie prompt zum Orgasmus kommen und ihre Erregung nicht unter Kontrolle halten können.

Tue das nicht!

Mein Tipp:

Genau das Gegenteil wird dich ans Ziel bringen!

Geh das Ganze langsam, sinnlich und bedacht an. Denk dran, dass es körperlich und mental eine stressige Situation ist, in den Körper einer Frau einzudringen.

Natürlich bist du angespannt.

Deshalb lass dir Zeit:

1) Gleite einmal voll in sie ein und zwar langsam.

2) Dann warte kurz. Ungefähr drei bis vier Sekunden. Das kann wie eine Ewigkeit scheinen - für sie und dich - ist es aber allemal wert.

   Frauen können diese kurze Pause durchaus als erregend empfinden.

   Denk einfach dran: Sie ist während dieser Pause innerlich super erwartungsvoll...

3) Dann machst du den nächsten Schritt. Du löst die Spannung und fängst langsam (!) an, aus ihr raus und wieder in sie reinzugleiten.

Viele Männer machen eben genau das nicht und bringen sich um diesen Super-Pausen-Effekt. Glaub mir, sie wird es zu schätzen wissen und dein Orgasmus wird auch um einiges später auftreten.

Wenn das kein Gewinn für beide Seiten ist...

... genauso wie folgende Technik:

10.2. Welche weiteren erogenen Zonen sollte ich nicht vergessen?

Eine andere Methode, dein Erregungslevel runterzufahren, ist, dich nicht nur auf deine Schübe in ihr zu konzentrieren.

Je nachdem, in welcher Stellung du dich mit deiner Partnerin befindest, kannst du sie auch an anderen erogenen Zonen stimulieren und dich so kurzfristig auf andere Bereiche fokussieren.

Hier einige Vorschläge:

1) Ihre Kopfhaut. Nein, kein Scherz. Ehrlich, du wirst überrascht, wie sehr viele Frauen es mögen, wenn du ihr leicht durchs Harr fährst und ihre Kopfhaut berührst.

   Ich hab mich auch gewundert, als ich das zum ersten Mal gehört habe. Aber hier ein interessanter Gedanke:

   Ich dachte immer, Frauen spielen mit ihren Haaren, wenn sie

nervös sind. Aus Gewohnheit eben. Aber das ist nicht immer der Fall.

Es ist - wie ich gelernt habe - auch so, dass sich Frauen einfach dabei wohlfühlen, in ihren Haaren rumzumachen.

Mal ganz platt: Es tut ihnen gut.

Also, denk daran und wenn sich die Möglichkeit bietet, kannst du dein Tempo etwas runterfahren und sie einfach sanft am Kopf liebkosen.

Mein Tipp: Geh da einfach langsam ran, dann wirst du sofort merken, ob es ihr recht ist oder nicht – bei den meisten Frauen ist es jedenfalls ein großes Plus.

Was gibt es sonst noch?

2) Nun ja, genauso gut sind Ihre Ohren. Wusstest du, dass in den Ohren etliche Nervenenden sind, die die Ohren super empfindlich machen.

Viele Frauen finden es äußerst erotisch, wenn ihre Ohren geliebkost werden. Sei sanft und sinnlich.

Schlabber um Gottes Willen nicht einfach drauf los. Aber ich hoffe, da wärst du auch selbst drauf gekommen...

... und was gibt's noch?

3) Den guten alten Nacken natürlich. Auch hier kannst du echt punkten. Fahr dein Tempo runter und kümmere dich liebevoll um ihren Nacken. Küsse sie sanft und berühre sie einfühlsam mit deinen Fingerspitzen.

Die meisten Frauen werden diese Methoden mehr als zu schätzen wissen – sie empfinden sie als „sinnlich" und „liebevoll".

Auf Deutsch: Deine Partnerin genießt den Sex mit dir noch mehr und du kannst dein Erregungsniveau drosseln und kommst weitaus später zum Orgasmus.

Ein Doppel-Sieg!

Probier's aus… sie wird begeistert sein, was für ein toller Hecht du bist.

Und auch mit dieser Technik, wirst du bei ihr punkten und länger durchhalten:

10.3. Was hat es mit „Necken" auf sich?

Ok, hier eine weitere meiner Lieblingsmethoden, wie du ohne Probleme deinen Orgasmus weiter raus zögern kannst.

Das geniale daran:

Deine Partnerin wird noch nicht einmal wissen, warum du tust, was du tust – sie wird es einfach nur genießen!

Also, auf geht's:

Wenn du während des Sex wieder einmal merkst, dass du etwas zu früh stark erregt bist, dann zieh deinen Penis langsam und sacht aus ihr heraus.

Stimuliere sie dann einfach mit deinen Händen oder deinem Mund weiter.

Nach einigen Sekunden, wenn dein Erregungszustand wieder etwas zurückgefahren ist, kannst du wieder locker in sie hinein gleiten.

Diesen Vorgang kannst du einige Male wiederholen. Es wird super funktionieren, solange du sie zwischendurch einfach weiter mit deinem Mund oder Händen bearbeitest.

Das kommt auch besonders gut, wenn du in diesen Zwischenphasen die Aufmerksamkeit von den Genitalien weg lenkst – zum Beispiel zum Nacken oder zum Gesicht.

Erfahrungsgemäß wird sie noch nicht einmal auf die Idee kommen, dass du durch dieses Spielchen versuchst, deinen Orgasmus hinauszuzögern.

Stattdessen wird sie es einfach als neckisch empfinden. Und das wird sie richtig heiß machen.

Wenn du dann das Gefühl hast, genügen runtergekommen zu sein, dringst du wider in sie ein.

Das hört sich doch plausibel an, oder? Und glaub mir, sie wird es lieben.

Und auch bei der nächsten Technik wird sie dich als „richtigen Mann" empfinden:

10.4. Warum ist es eine gute Idee, die Stellungen zu wechseln?

Diese Methode ist dem Necken sehr ähnlich… allerdings bietet sie noch einen weiteren Vorteil, den ich gleich verraten werde. Aber ich kann dir jetzt schon versprechen, du wirst ihn lieben.

Persönlich habe ich diese Methode zahlreiche Male genutzt, als ich zu stark erregt war, aber noch nicht zum Orgasmus kommen wollte.

Auch jetzt noch, obwohl ich 100%ig sicher bin, was meine Orgasmuskontrolle angeht, benutzte ich diese Taktik, um den Sex interessanter zu machen.

Denn, wenn man die Stellung wechselt, hat das gleich zwei positive Auswirkungen.

Die wichtigste ist natürlich, dass dein Erregungslevel deutlicher sinken wird.

Sagen wir mal, du und deine Partnerin habt in der Wiegestellung angefangen. Alles läuft bestens, aber du merkst, dass du schon bald zum Orgasmus kommen würdest, wenn du nichts unternimmst.

Was kannst du also tun?

Wechsele einfach eine neue Stellung. Gleite lässig aus deiner Partnerin raus und beginne eine neue Stellung (zum Beispiel die Reiterstellung).

In der Zwischenzeit wird dein Penis für mindestens vier bis zehn Sekunden überhaupt nicht stimuliert, und dein Erregungslevel wird deutlich sinken.

Und das Beste dabei:

Sie wird nicht den leisesten Verdacht haben, warum du diesen Wechsel vorgenommen hast.

Ganz im Gegenteil:

Viele Frauen fühlen sich von diesem Wechsel sogar sehr positiv angesprochen.

Warum?

Weil sie dich als selbstbewussten Mann ansehen, der weiß, was er will, der die Dinge selbst in die Hand nimmt und sie führt.

Einen „richtigen Mann" eben.

Die meisten Frauen stehen auf diese Alpha-Mann Eigenschaften. Sie fühlen sich geborgen und es macht sie nur noch mehr an!

Was könntest du mehr wollen? Geradezu genial, nicht wahr?

Und falls dir daran gelegen ist, dass sie nichts von deinem Vorhaben, einen späteren Orgasmus zu bekommen, erfährt...

... wird dich auch folgende Frage interessieren:

10.5. Welche Rolle spielt die Tiefe und Stärke der Schübe für meinen Orgasmus?

Nochmal kurz zurück zu den Basics: Langsame Schübe erzeugen relativ wenig Stimulierung, während schnelle Schübe stärker erregend wirken.

Wenn du merkst, dass du deine Erregung unter Kontrolle bringen solltest, kannst du also auch die Intensität - Stärke sowie Tiefe - deiner Schübe dementsprechend anpassen.

Mein Tipp:

Relativ langsam in sie eindringen und dann nicht sofort anfangen, wie wild zu rammeln. Stattdessen kannst du dann deine Partnerin mit deinem Mund, deinen Händen oder am besten mit deinem Schambein äußerlich stimulieren.

Denn Frauen können ja von äußerlichen Einflüssen genauso - oder sogar mehr - erregt werden als von dem, was _in_ ihnen vorgeht.

Das bedeutet also:

Du kommst wieder ein wenig runter und deine Partnerin wird dennoch nichts an Erregung einbüßen.

Vielleicht sogar das Gegenteil:
Wenn du dein Schambein geschickt einsetzt, kann das für euch beide äußerst befriedigend sein.

Wenn du dann wieder das Gefühl hast, dass du auf der sicheren Seite bist, kannst du einfach wieder mit langsamen und tiefen Schüben anfangen.

Peitsche aber auf keinen Fall sofort voll los, denn schließlich willst du dich nicht gleich wieder kopfüber in deine Gefahrenzone hechten.

Und das kannst du auch dadurch vermeiden, dass du die Antwort auf folgende Frage anwendest:

10.6. Warum sollte ich meinen Penis vor dem Sex stimulieren (lassen)?

Noch vor dem Sex, fragst du dich vielleicht?

Geht das nicht voll nach hinten los?

Schließlich bin ich dann schon vorm Sex super erregt…

... dennoch:

Die kurze Antwort: Keine Sorge, nein.

Die lange Antwort: Das Gegenteil ist oft der Fall.

Nämlich ist die Stimulierung des Penis beim Eindringen für manche Männer einfach „zu viel". Und sie schießen sofort los.

Oder sie werden so erregt, dass sie sich nach kürzester Zeit nicht mehr zurück halten können. Und genau das willst du ja vermeiden.

Also hier mein Tipp: Wenn sich deine Partnerin schon vorm Sex deinem Penis widmet (beim Vorspiel problemlos möglich), ist der „Schock" der Stimulierung beim Eindringen relativ gesehen nicht mehr so radikal.

Das heißt, du kannst deine Erregung besser unter Kontrolle halten und somit deinen Orgasmus auch weiter hinauszögern.

Und wenn du die Stimulierung deines Penis im Vorspiel gekonnt eingebaut hast, wird sie wieder nicht wissen, was für ein großer Stein dir damit vom Herzen gefallen ist.

Schließlich willst du dein Problem nicht „öffentlich" machen wollen, oder?

Keine Sorge, musst du ja auch nicht.
Hier zwei weitere Techniken, wie du dir selbst helfen kannst, länger durchzuhalten:

10.7. Haben meine Muskeln eine Auswirkung auf meinen Orgasmus?

Auch diese Frage hört sich eher komisch an, oder?

Ich würde wetten, dass du vor diesem Buch noch nie darüber nachgedacht hast.

Hatte ich auch nicht, bis ich mich ausgiebig mit dem Thema beschäftigt habe.

Vorhin hatten wir das Thema Muskelentspannung ja schon kurz angesprochen, aber hier noch einmal eine etwas ausgiebigere Antwort:

Ja, deine Muskeln können einen riesen Einfluss auf deinen Orgasmus haben.

Und hier ist wieso:

Wie bereits erklärt können einige Stellungen - unter anderem die Missionarsstellung - verschiedene Muskelpartien ganz schön beanspruchen.

In diesem Fall stützt sich der Mann auf seine Arme und Beine – sonst würde er die Frau zerquetschen.

Dieses Aufstützen über längere Zeit spannt die Muskeln natürlich ziemlich an. Und diese Anspannung macht es dann eben für den Mann wesentlich schwieriger, seine anderen Körperempfindungen wahrzunehmen, so dass er seinen Orgasmus perfekt kontrollieren kann.

Heißt dass jetzt, dass du nie wieder die Missionarsstellung genießen sollst?

Nein – das muss zumindest nicht unbedingt sein, obwohl ich am Anfang wirklich davon abraten würde.

Wenn du dir aber schon etwas sicherer bist, was deine Orgasmus-Kontrolle angeht, dann hier ein super Tipp für die Missionarsstellung:

Sieh zu, dass du mit deinen Füßen gegen einen festen Gegenstand (zum Beispiel eine Wand) drücken kannst.

Das wird dir helfen, eine Menge Anspannung von deinen Waden und Oberschenkeln zu nehmen. Woraufhin du dann wieder besser in der Lage sein wirst, deine Körperempfindungen wahrzunehmen und somit deinen Orgasmus besser zu steuern.

Hört sich plausibel an, oder?

Super...

... ein bisschen verwunderlicher ist wahrscheinlich die nächste Frage:

10.8. Wie kann ich die Beleuchtung nutzen, um meinen Orgasmus hinauszuzögern?

Hört sich diese Frage für dich verrückt an?

Ich kann's dir nicht verübeln, aber es ist nicht so bekloppt, wie man vielleicht vermuten könnte.

Also, wie ist die Sache mit dem Licht nun?

Eigentlich recht einfach: Hier hängen zwei Dinge zusammen – Entspannung und Reizreduzierung.

Viele Paare empfinden es als sinnlich und entspannend, wenn die Beleuchtung gedimmt ist oder vielleicht nur der Schein einiger weniger Kerzen den Raum in warmes Licht hüllt.

Mein Tipp:

Experimentiere einfach mit dem Licht. Was empfinden du und deine Partnerin als besonders entspannend?

Denn wenn du voll entspannt bist, wird es dir noch leichter fallen, deinen Körper wahrzunehmen, so dass du deinen Orgasmus noch besser kontrollieren kannst.

Manchmal ist es auch hilfreich, das Licht ganz auszumachen. Wie du vielleicht schon herausgefunden hast, gibt es jede Menge Frauen, die sich als nicht so attraktiv empfinden und deshalb nichts dagegen haben, wenn es beim Sex dunkel ist.

Also: Gerade im Anfangsstadium, wenn du noch nicht 100%ig sicher bist, dass du deinen Orgasmus kontrollieren kannst, wäre diese Technik vielleicht mal einen Versuch wert.

Probier's einfach aus...

... wow, das waren jetzt eine ganze Menge Techniken.

Keine Sorge, du musst ja nicht gleich alle auf einmal ausprobieren.

Aber du wirst sehen:

Schon mit einigen wenigen wirst du ziemlich weit kommen!

Also, nochmal schnell im Überblick:

1) Beim Eindringen nicht alles verlieren
2) Andere erogene Zonen bearbeiten
3) Immer fröhlich „necken"
4) Stellungen wechseln
5) Tiefe und Stärke der Schübe nutzen
6) Penis vor dem Sex stimulieren
7) Muskeln entspannen
8) Beleuchtung nicht vergessen

Und obendrauf kommen natürlich immer die „PC-Muskel-Notbremse" und die „richtigen" Stellungen.

Glaub mir: Wenn du diese Techniken anwendest und dein Training konsequent durchziehst, dann werden dich die Frauen um Sex anbetteln!

Versprochen...

11. Schlussbemerkung

In diesem Buch habe ich dir nichts vorenthalten.

Es steht alles drin, was du wissen musst.
Ab jetzt gibt es keine Entschuldigung mehr, wenn du zu früh kommst.

Allerdings ist es so, wie häufig im Leben:
Es gibt nichts umsonst.

Aber hier die gute Nachricht:
Du hast selbst in der Hand, was du machst.

Du kannst das Buch nun zur Seite legen und hoffen, dass alles besser wird.

Oder du kannst meinen Trainingsplan konsequent anwenden.

Der Tag, an dem du diese Entscheidung triffst, wird dein Sexleben so radikal verändern, wie du es dir bisher vielleicht in deinen kühnsten Träumen ausgemalt hast.

Genau das wünsche ich dir.

Dein

Tom Berger

Printed in Poland
by Amazon Fulfillment
Poland Sp. z o.o., Wrocław